EL DIABLO
SEGÚN CARL JUNG

La Sombra Colectiva y el Arquetipo Diabólico

Psicología Analítica, Individuación y el Problema del Mal: Del Inconsciente Colectivo a la Integración de la Sombra

Arquetipo y Sombra

Edición original en español:
EL DIABLO SEGÚN CARL JUNG

Arquetipo y Sombra

Derechos reservados. Ninguna parte de este libro puede ser reproducida o transmitida en cualquier forma o por ningún medio electrónico o mecánico, incluyendo fotocopiado, grabado o por cualquier almacenamiento de información o sistema de recuperación, sin permiso escrito de los autores. Esta es una obra original de Arquetipo y Sombra, que no constituye una traducción ni una republicación de ninguna obra de dominio público.

Nota importante de exención de responsabilidad: Este libro es solo para propósitos educativos y de entretenimiento. El autor ha hecho todo lo posible para proporcionar información completa, precisa, actual y confiable, pero no se puede garantizar. El autor no es un experto en asesoramiento legal, financiero, médico o profesional. La información en este libro se ha recopilado de diferentes fuentes, por lo que es importante que consultes a un profesional antes de probar cualquier técnica descrita. Al leer este libro, aceptas que el autor no se hace responsable de ninguna pérdida directa o indirecta que pueda surgir por el uso de la información proporcionada, como errores o inexactitudes.

COPYRIGHT© Arquetipo y Sombra

Contenido

Prefacio 1

1. Jung Y La Realidad Del Mal 6
2. El Diablo Como Realidad Psíquica Vs. Entidad Metafísica 10
3. Del Dios Oscuro Al Diablo Escindido 15
4. Septem Sermones Ad Mortuos - Abraxas, La Unidad De Dios Y Diablo 21
5. El Libro Rojo 26
6. Respuesta A Job 30
7. Aion 34
8. Psicología Y Alquimia 42
9. Mysterium Coniunctionis 50
10. El Seminario Sobre Así Habló Zaratustra 55
11. Sueños, Posesión Y El "Mal" En La Práctica Clínica 62
12. Las Cartas Jung-White: Debate Con Un Teólogo Sobre El Mal 67
13. El Diablo En La Biblia 74
14. El Demiurgo Y La Sabiduría De La Serpiente 79
15. La Tradición Alquímica Y Hermética 85
16. Jung Y Nietzsche: Más Allá Del Bien Y Del Mal 92

17. Jung Y Goethe: Fausto, Mefistófeles
Y La Redención Del Alma 98

18. Jung Y Kierkegaard: Desesperación,
Pecado Y Lo Demoníaco 104

19. Jung Y Freud: El Mal Entre Lo Consciente
 Y Lo Inconsciente 110

20. Jung Y Hillman: El "Politeísmo Psíquico"
Y La Rehabilitación De Lo Demoníaco 116

21. Jung Y Eliade: Mito, Historia De Las
Religiones Y La Dualidad Sagrada 121

22. El Diablo En La Modernidad:
La Sombra Colectiva 128

23. Implicaciones Terapéuticas Y Éticas
De La Sombra 134

24. Legado De Jung En La Comprensión Del Mal 139

Epílogo: La Persistencia Necesaria
Del Arquetipo Diabólico 147

Prefacio

En los albores del siglo XXI, cuando las certezas tradicionales se disuelven y nuevas formas de fundamentalismo emergen con virulencia inquietante, la figura del Diablo persiste como una de las manifestaciones más reveladoras de la psique colectiva humana. Más allá de las disputas teológicas sobre su existencia ontológica, el arquetipo diabólico se revela como uno de los operadores simbólicos más eficaces para comprender cómo las sociedades procesan, proyectan y, en última instancia, se relacionan con su propia sombra colectiva.

La presente investigación sobre el pensamiento de Carl Gustav Jung respecto al Diablo no constituye meramente un estudio histórico de las ideas de un pionero de la psicología profunda. Representa, más bien, una exploración de cómo una comprensión psicológica del mal puede iluminar fenómenos contemporáneos que van desde la polarización política hasta el resurgimiento de movimientos extremistas, desde las teorías conspirativas hasta la demonización sistemática del "otro" cultural. Jung demostró que el Diablo, lejos de ser reliquia de épocas supersticiosas, opera como cristalización arquetípica de fuerzas psíquicas que cada generación debe confrontar usando los símbolos y conceptos de su tiempo.

La sombra colectiva, concepto central aunque menos desarrollado que su contraparte individual en la obra junguiana, encuentra en el arquetipo diabólico su expresión más concentrada y políticamente relevante. Cuando sociedades enteras reprimen aspectos indeseables de su identidad cultural —la agresividad, la codicia, el autoritarismo, la irracionalidad—, estos contenidos no desaparecen sino que se reagrupan en torno a figuras que funcionan como receptáculos proyectivos. El Diablo histórico cumplió esta función durante siglos; en la modernidad secular, esta misma dinámica opera a través de ideologías políticas, grupos étnicos, y construcciones del enemigo interno o externo que concentran todo aquello que una colectividad no puede reconocer como propio.

La genialidad del análisis junguiano radica en haber identificado que esta dinámica proyectiva no constituye accidente histórico sino necesidad psicológica estructural. Las sociedades requieren figuras que encarnen su sombra colectiva porque la alternativa —el reconocimiento directo de la ambivalencia moral inherente a toda construcción cultural— amenaza la cohesión grupal y la simplicidad narrativa que permite la acción colectiva. Sin embargo, como Jung demostró repetidamente, esta estrategia de externalización del mal genera ciclos de violencia que se perpetúan precisamente porque evitan la confrontación consciente con las fuerzas que buscan controlar.

El fenómeno contemporáneo de la "cultura de la cancelación"[1], la demonización de adversarios políticos, y

---

[1] Término acuñado por primera vez por el crítico cultural Nat Hentoff en 1991, popularizado masivamente a partir de 2017. Se refiere a la práctica de retirar apoyo a figuras públicas tras comportamientos considerados problemáticos. El fenómeno encuentra precedentes históricos en el ostracismo ateniense (siglo V a.C.) y las purgas políticas

la tendencia a reducir complejidades sociales a enfrentamientos maniqueos entre fuerzas del bien y del mal, revelan la persistencia de patrones arquetípicos que Jung había identificado en las demonologías tradicionales. La diferencia crucial es que mientras las sociedades tradicionales poseían rituales y símbolos para procesar colectivamente estas proyecciones —exorcismos, festivales del carnaval, ceremonias de purificación—, las sociedades seculares modernas carecen de mecanismos equivalentes para integrar conscientemente su sombra colectiva.

Esta carencia explica por qué las democracias liberales, pese a sus ideales de racionalidad y tolerancia, pueden generar formas de demonización tan virulentas como cualquier sociedad tradicional. Sin canales simbólicos para procesar la ambivalencia moral, la sombra colectiva se manifiesta a través de polarizaciones políticas extremas, movimientos populistas que prometen eliminar a los "corruptos", y construcciones conspirativas que personifican males abstractos en agentes malignos específicos.

La obra de Jung sobre el Diablo adquiere así relevancia urgente no como curiosidad histórica sino como herramienta diagnóstica para comprender patologías sociales contemporáneas. Su insistencia en que el mal no puede ser eliminado sino únicamente transformado mediante reconocimiento consciente, ofrece una alternativa a los ciclos de demonización y victimización que

---

soviéticas, sugiriendo patrones arquetípicos recurrentes de exclusión social.

caracterizan el discurso público actual. La integración de la sombra que Jung propuso para individuos requiere traducción a escala colectiva: sociedades capaces de reconocer su propia capacidad para el mal, no para paralizarse en culpa sino para relacionarse más responsablemente con el poder que ejercen.

Esta investigación se sitúa, por tanto, en la intersección entre psicología profunda e historia de las ideas, pero con una orientación hacia la comprensión de fenómenos presentes. Al rastrear el desarrollo del pensamiento junguiano sobre lo diabólico desde sus formulaciones tempranas hasta sus síntesis más maduras, pretende revelar no solo la evolución intelectual de un pensador extraordinario, sino las implicaciones de sus descubrimientos para una época que, habiendo declarado la muerte de Dios, descubre que el Diablo persiste bajo formas seculares a menudo más peligrosas que sus antecedentes religiosos.

La tesis central que emerge de este análisis es que Jung logró una comprensión del Diablo que trasciende tanto la literalidad supersticiosa como la negación racionalista, ofreciendo una tercera vía que reconoce en lo diabólico una función psicológica necesaria que requiere integración, no eliminación. Esta comprensión, desarrollada inicialmente para el trabajo terapéutico individual, posee implicaciones transformadoras para la comprensión de fenómenos colectivos, proporcionando herramientas conceptuales para navegar una época donde las fuerzas diabólicas operan mediante tecnologías de comunicación, estructuras económicas, y dinámicas políticas que amplifican exponencialmente tanto su capacidad destructiva como su potencial transformador.

El lector encontrará en estas páginas no una defensa del mal ni una justificación de la violencia, sino una exploración rigurosa de cómo la negación del mal genera precisamente aquello que busca evitar. La propuesta junguiana de integración consciente de la sombra —individual y colectiva— ofrece una alternativa a los ciclos de proyección y retaliación que amenazan las bases mismas de la convivencia civilizada. Comprender al Diablo, en el sentido que Jung le otorga a esta comprensión, significa desarrollar la capacidad de reconocer las fuerzas destructivas como parte de la totalidad humana, lo cual constituye el primer paso hacia su transformación consciente.

Arquetipo y Sombra

1. Jung y la realidad del Mal

Cuando las certezas morales tradicionales se desmoronan y emergen nuevas formas de fundamentalismo, la figura del Diablo persiste como uno de los enigmas más perturbadores de la experiencia humana. Carl Gustav Jung (1875-1961) emergió como una de las figuras más influyentes en la comprensión moderna de la psique humana, desarrollando una aproximación al problema del mal que trasciende tanto la superstición popular como el reduccionismo científico. Su trabajo articuló una comprensión psicológica del Diablo que ofrece una tercera vía para abordar las manifestaciones de lo demoníaco en la experiencia humana.

Su originalidad radica en haber reconocido que las figuras del mal no son meros vestigios de épocas supersticiosas, sino expresiones perennes de dinámicas psíquicas fundamentales. Como escribiría en sus "Recuerdos, sueños, pensamientos"[2]: "Mi vida ha sido permeada y sostenida por una corriente que nace en la oscuridad... lo que el lenguaje popular llama el 'instinto'." Esta confesión personal apunta hacia la base experiencial de toda su comprensión posterior del fenómeno diabólico.

---

[2] Obra póstuma de Jung (1961) compilada por Aniela Jaffé a partir de entrevistas y notas personales. Su título original alemán "Erinnerungen, Träume, Gedanken" sugiere una estructura triádica que refleja los tres niveles de la psique junguiana: personal, colectivo y transpersonal. La obra fue criticada por algunos discípulos como demasiado reveladora de aspectos privados.

Jung desarrolló un método que evitaba tanto la credulidad religiosa como el reduccionismo materialista, estableciendo tres principios fundamentales que revolucionarían la aproximación occidental al mal. Su empirismo fenomenológico[3] adoptó una actitud descriptiva hacia las manifestaciones diabólicas, estudiándolas como fenómenos psíquicos observables sin prejuzgar su naturaleza última. Este enfoque permitía investigar científicamente experiencias que tradicionalmente se relegaban al ámbito de la fe o se descartaban como superstición.

Paralelamente, su concepto de realidad psíquica estableció que las figuras diabólicas poseen realidad como contenidos de la psique, independientemente de su existencia metafísica. Esta realidad psíquica tiene efectos observables en la conducta, los sueños y los síntomas, operando con una eficacia que no puede ser reducida a meras proyecciones o fantasías. Jung demostró que la pregunta sobre la "existencia real" del Diablo era menos relevante que el reconocimiento de su poder transformador en la vida humana.

Su tercer principio identificó la función compensatoria que cumplen las imágenes del mal en la

---

[3] Método desarrollado por Edmund Husserl (1859-1938) que Jung adaptó para estudiar contenidos psíquicos. Consiste en describir fenómenos tal como aparecen a la conciencia, sin juicios sobre su realidad objetiva. Max Scheler aplicó este método al estudio de valores, mientras Martin Heidegger lo extendió al análisis del ser. Jung lo utilizó específicamente para estudiar experiencias numinosas sin reducirlas a categorías médicas.

economía psíquica. Estas manifestaciones no representan irrupciones caóticas, sino respuestas precisas que compensan actitudes conscientes unilaterales y facilitan procesos de crecimiento psicológico. Cuando la conciencia se identifica excesivamente con la perfección moral o espiritual, el inconsciente genera figuras diabólicas que restauran el equilibrio mediante la compensación.

Esta investigación explora cómo Jung desarrolló esta comprensión a través del análisis de sus textos principales, sus diálogos con pensadores contemporáneos, y su apropiación creativa de tradiciones históricas. Sus escritos muestran una evolución coherente desde las primeras formulaciones hasta las obras de madurez, revelando cómo la figura del Diablo se transforma en sus manos de enemigo cósmico en maestro psicológico.

Su método no buscaba eliminar el misterio del mal sino situarlo en un marco conceptual que permitiera trabajar constructivamente con su realidad. A diferencia de aproximaciones que intentan resolver el problema del mal mediante explicación causal o negación, Jung reconoció que ciertas realidades de la experiencia humana requieren ser abordadas en sus propios términos, sin reducción a categorías más "aceptables" para la mentalidad moderna.

La relevancia de esta aproximación trasciende el interés histórico. Vivimos una época donde las manifestaciones contemporáneas del mal desafían tanto las explicaciones tradicionales como las modernas. La aproximación junguiana ofrece herramientas para comprender estos fenómenos sin caer en la literalidad supersticiosa o la negación ingenua que caracterizan muchas respuestas contemporáneas al problema del mal.

Como Jung advertiría proféticamente: "Los acontecimientos mundiales de nuestro tiempo han dado al hombre una lección objetiva... que difícilmente podrá olvidar." Su observación apunta hacia la persistencia del mal como realidad que cada época debe confrontar con sus propios métodos. La comprensión psicológica del mal se revela no como curiosidad académica, sino como necesidad existencial para navegar las complejidades del mundo moderno.

La síntesis junguiana emerge de la confluencia entre experiencia personal, rigor científico y sabiduría tradicional, convergiendo en una comprensión revolucionaria que este libro se propone explorar sistemáticamente. Su legado consiste en haber demostrado que el encuentro con lo diabólico puede transformarse de experiencia puramente destructiva en oportunidad de crecimiento, siempre que se aborde con la preparación conceptual y la honestidad psicológica que su método requiere.

2. El Diablo como realidad psíquica vs. entidad metafísica

La historia del pensamiento occidental había quedado atrapada durante siglos en una falsa dicotomía: o bien el Diablo existía como entidad metafísica real, o bien representaba una mera superstición que la ciencia moderna debía descartar. Carl Gustav Jung revolucionó este panorama intelectual al proponer una tercera vía que transformaría radicalmente el estudio de los fenómenos diabólicos. Su innovación consistía en establecer la "realidad psíquica" como dominio autónomo de investigación empírica, independiente tanto de las afirmaciones ontológicas del literalismo religioso como de las negaciones reduccionistas del materialismo científico.

Esta aproximación metodológica permitía el estudio científico riguroso de fenómenos tradicionalmente relegados al ámbito de la superstición o la especulación metafísica. Cuando Jung declaró categóricamente en "Psicología y religión" (1938): "Cuando hablo de demonios o figuras diabólicas, dejo en claro que no estoy haciendo ninguna afirmación sobre la realidad ontológica de esos seres, sino reconociendo su inevitable e innegable realidad como hecho psíquico", establecía los fundamentos de una epistemología completamente nueva. Esta distinción fundamental no constituía una evasión intelectual, sino una sofisticada respuesta que abría territorios inexplorados para la investigación científica.

Jung había identificado dos órdenes de realidad que operan según legalidades diferentes, cada uno con su propia validez y métodos de estudio apropiados. En "Tipos psicológicos"[4] (1921), formuló el principio rector que guiaría toda su obra posterior: "La psicología debe ceñirse estrictamente a su objeto, que es la psique, y debe evitar toda metafísica especulativa, así como toda profesión de fe científica indebida." Esta delimitación no representaba una restricción sino una liberación, pues permitía estudiar fenómenos psíquicos según sus propias características específicas.

La realidad psíquica, según Jung, posee propiedades que la distinguen tanto de la realidad física como de hipotéticas realidades metafísicas. En "Sobre la naturaleza de la psique"[5] (1947), explicaba con precisión esta diferencia crucial: "Los contenidos psíquicos son reales en virtud de su efectividad, no de su correspondencia con objetos externos... Un demonio que obsesiona a un individuo es psicológicamente real, independientemente de si corresponde o no a una entidad metafísica." Esta efectividad de la realidad psíquica se manifestaba de manera observable y medible en síntomas, sueños, comportamientos y transformaciones de la personalidad.

---

[4] Esta obra estableció la tipología que haría famoso a Jung, distinguiendo entre introversión/extraversión y cuatro funciones: pensamiento, sentimiento, sensación e intuición. Menos conocido es que Jung desarrolló estas categorías observando diferencias en cómo sus pacientes experimentaban lo numinoso. Los tipos "sentimiento" tendían a personificar más vívidamente las figuras diabólicas.

[5] Ensayo donde Jung desarrolló su teoría del psicoid, el sustrato común entre psique y materia. Esta hipótesis, influenciada por su diálogo con Wolfgang Pauli, sugería que a niveles profundos, lo psíquico y lo físico son aspectos de una realidad única. Esta teoría explicaría por qué experiencias "diabólicas" pueden producir efectos somáticos reales.

Jung documentaba casos clínicos donde pacientes experimentaban encuentros con figuras diabólicas que producían efectos verificables en su funcionamiento psicológico, independientemente de toda consideración metafísica sobre la "existencia real" de tales figuras. Un paciente que experimentaba visiones diabólicas podía desarrollar síntomas físicos reales, cambios de comportamiento dramáticos o transformaciones de personalidad profundas. Estos efectos eran empíricamente observables y clínicamente significativos, validando la realidad psíquica de las experiencias diabólicas sin necesidad de pronunciarse sobre su estatuto ontológico.

Para desarrollar esta nueva aproximación, Jung adoptó el método fenomenológico, aplicándolo específicamente al problema de distinguir entre afirmaciones metafísicas y observaciones psicológicas. La época fenomenológica permitía estudiar las manifestaciones diabólicas suspendiendo todo juicio sobre su estatuto ontológico, concentrándose exclusivamente en cómo se presentaban a la conciencia. En "Lo inconsciente en la vida psíquica" (1928), describiría su aproximación metodológica: "Cuando un paciente experimenta la presencia del Diablo, mi tarea es registrar exactamente cómo se manifiesta esta experiencia: qué características posee la figura, qué emociones evoca, qué cambios produce en el comportamiento... No me corresponde determinar si tal figura 'existe realmente' en sentido metafísico."

Esta metodología fenomenológica transformaba el estudio de lo diabólico de una investigación ontológica en una exploración descriptiva de fenómenos psíquicos. Jung podía estudiar las manifestaciones diabólicas con el mismo rigor científico que aplicaba a otros contenidos psíquicos, sin verse obligado a pronunciarse sobre cuestiones metafísicas que escapaban al dominio de la psicología empírica. Esta libertad metodológica le permitía descubrir patrones, estructuras y dinámicas en las experiencias diabólicas que permanecían ocultos cuando tales experiencias se abordaban desde perspectivas puramente teológicas o materialistas.

La distinción junguiana entre realidad psíquica y metafísica constituía una genuina innovación epistemológica que permitía el estudio científico riguroso de fenómenos tradicionalmente excluidos del ámbito académico. Esta "tercera vía" evitaba tanto las afirmaciones ontológicas inverificables del literalismo religioso como las negaciones reduccionistas del materialismo científico. Mientras el literalismo religioso afirmaba la existencia metafísica del Diablo sin poder demostrarla empíricamente, el materialismo científico negaba toda realidad a las experiencias diabólicas sin poder explicar sus efectos psicológicos observables.

Jung resumía su posición en "Tipos psicológicos" con una claridad que definiría toda su obra posterior: "La psicología como ciencia empírica no puede pronunciarse sobre la existencia o inexistencia metafísica del Diablo, pero sí puede demostrar que las imágenes diabólicas son hechos psíquicos de primera importancia, con efectos observables en la vida humana." Esta delimitación abría un territorio completamente inédito para la investigación, estableciendo que los contenidos psíquicos poseen una legalidad propia, irreductible tanto a especulaciones metafísicas como a explicaciones materialistas.

El Diablo junguiano que resulta de esta aproximación metodológica aparece como operador simbólico que media entre la conciencia y estratos arquetípicos de la psique. Su realidad no depende de consideraciones metafísicas sino de su efectividad psicológica: su capacidad de producir experiencias significativas, transformaciones personales y efectos observables en la vida humana. Este Diablo psíquico merece estudio científico riguroso precisamente porque su impacto en la experiencia humana es empíricamente verificable, independientemente de su estatuto ontológico último.

La revolución epistemológica de Jung había liberado el estudio de lo diabólico tanto de los dogmas religiosos como de los prejuicios materialistas, creando un espacio conceptual donde tales fenómenos podían ser investigados según su propia naturaleza psíquica. Esta liberación metodológica no representaba una disminución de la importancia del Diablo, sino todo lo contrario: al reconocer su realidad psíquica autónoma, Jung otorgaba a las experiencias diabólicas una dignidad científica que les había sido negada tanto por la teología dogmática como por el cientificismo reduccionista.

3. Del Dios oscuro al Diablo escindido

En las profundidades de los archivos cuneiformes mesopotámicos yace una revelación que desafía toda comprensión moderna del mal: las fuerzas destructivas no constituían aberraciones cósmicas, sino elementos arquitectónicos fundamentales de la realidad misma. Las cosmogonías de esta civilización fundacional establecieron un modelo donde el caos y el orden mantenían una relación de interdependencia creativa que las religiones posteriores trabajarían incansablemente por desmantelar.

Cuando el "Enuma Elish"[6], compuesto hacia el 1100 a.C., proclama en su verso inaugural que "en lo alto no existía el cielo ni abajo la tierra, sólo Apsu el primigenio, su progenitor, y la creadora Tiamat, la que los parió a todos, mezclaban sus aguas", está articulando una visión cosmológica donde la creación misma depende de la unión de principios aparentemente opuestos. Tiamat, personificación del caos acuático primordial, trasciende toda categorización moral simplista para representar la potencia indiferenciada de la cual brota toda manifestación.

La destrucción de Tiamat por Marduk revela una operación cosmológica sorprendente: el caos no es

---

[6] El poema cosmogónico babilónico más importante, escrito en acadio sobre siete tablillas. Su estructura narrativa influyó en el Génesis bíblico, pero su teología era radicalmente diferente: celebraba la violencia como proceso creativo. Tiamat no es "malvada" sino representación del caos fértil. Alexander Heidel tradujo por primera vez el texto completo al inglés en 1942.

eliminado sino reorganizado. "La dividió en dos como se hace con un pescado seco; una mitad la alzó e hizo de ella la bóveda del cielo." Esta imagen brutal contiene una sabiduría teológica que las tradiciones posteriores perderían: el orden cósmico no surge de la aniquilación del caos, sino de su transformación consciente en estructura. El caos permanece como sustrato necesario, fundamento oculto pero indispensable del cosmos organizado.

Los himnos acadios preservan esta comprensión paradójica en su caracterización de Marduk, quien despliega simultáneamente aspectos terribles y benévolos: "Señor de los países, luz de los Igigi, Marduk creador... tu ira es la tormenta de viento, tu favor es la brisa amable." La divinidad sumerio-acadia integra poderes destructivos y constructivos sin experimentar contradicción moral alguna, funcionando como totalidad que abarca su propia negación.

Esta sabiduría mesopotámica encuentra su expresión más refinada en la tradición egipcia, donde Set encarna una paradoja teológica que desafiaría la lógica moral de sistemas posteriores. Los "Textos de las Pirámides"[7] lo invocan como "Set el Grande, cuya aparición hacen los dioses, ante quien tiemblan los que están en el cielo", reconociendo su poder terrible pero no por ello ilegítimo.

---

[7] Los textos religiosos más antiguos de la humanidad (c. 2400-2300 a.C.), grabados en las pirámides de los faraones de la V y VI dinastías en Saqqara. Contienen 759 "declaraciones" (Sprüche) que describen el viaje del faraón muerto a través del Duat (inframundo). Set aparece como psicopompo que guía al rey a través de regiones peligrosas, función que contrasta con su posterior demonización.

La función más reveladora de Set se manifiesta durante el viaje nocturno solar, cuando protege la barca de Ra contra Apofis: "Set está en la proa de la barca de Ra, él rechaza a Apofis." Aquí se despliega una paradoja que las teologías dualistas posteriores encontrarían insoportable: el mismo dios que mata a Osiris se convierte en guardián indispensable del orden cósmico. Sin Set, el caos absoluto personificado por Apofis devoraría la creación entera.

Esta paradoja se expresa ritualmente en los "Textos de los Sarcófagos": "Yo soy Set en el combate, yo soy Set en la tormenta... yo he separado a los Dos Compañeros." La violencia de Set no constituye mal moral sino fuerza diferenciadora que hace posible la distinción cósmica entre opuestos complementarios. Su destrucción es creativa porque genera la polaridad necesaria para que el cosmos pueda existir como totalidad articulada.

Cuando las tradiciones judías heredaron este complejo legado oriental, comenzaron un proceso de transformación teológica que alteraría radicalmente la comprensión del mal. Los textos más antiguos del Tanaj preservan reminiscencias de la ambivalencia divina original: "Yo formo la luz y creo las tinieblas, hago la paz y creo la adversidad. Yo, Yahvé, hago todas estas cosas" (Isaías 45:7). Aquí Yahvé asume responsabilidad directa por toda manifestación, incluidas aquellas que la sensibilidad moral posterior clasificaría como malignas.

La figura de Satán experimenta una evolución gradual desde funcionario celeste hasta adversario independiente, transformación que puede trazarse con precisión textual. La comparación entre 2 Samuel 24:1 ("La ira de Yahvé se encendió contra Israel, e incitó a David") y 1 Crónicas 21:1 ("Satán se levantó contra Israel e incitó a David") marca un punto de inflexión histórico decisivo. Aquello que antes se atribuía directamente a Yahvé ahora se asigna a un agente secundario, evidenciando el proceso mediante el cual los aspectos problemáticos de la divinidad comenzaron a ser proyectados externamente.

Esta transformación refleja una crisis teológica fundamental: la necesidad de conciliar la bondad divina con la experiencia innegable del mal. La solución emergente consistía en transferir progresivamente los aspectos inquietantes de Yahvé a entidades subordinadas, preservando así la pureza moral de la divinidad suprema. Sin embargo, esta estrategia teológica tendría consecuencias imprevistas, creando las condiciones para la fragmentación psíquica que sistemas posteriores intentarían reparar mediante diversas estrategias de reintegración.

Los Padres de la Iglesia heredaron este dilema teológico en forma agudizada cuando enfrentaron el desafío de sistemas dualistas que resolvían el problema del mal atribuyendo la creación material a un demiurgo inferior o francamente malvado. Justino Mártir estableció el principio fundamental que definiría la ortodoxia cristiana: "Un solo Dios, hacedor de todas las cosas, el cual no tuvo principio." Esta afirmación buscaba preservar tanto el monoteísmo como la bondad divina, pero requería explicar el origen del mal sin comprometer ninguno de estos principios.

Ireneo de Lyon[8] articuló la respuesta ortodoxa más sistemática, estableciendo la fórmula canónica que perduraría durante siglos: el diablo "no fue hecho malvado por naturaleza... sino que se hizo apóstata por su propia voluntad." Esta formulación preservaba la bondad divina original (Dios no creó el mal) y la realidad del mal (que existe como resultado del mal uso del libre albedrío creacional), pero al precio de crear una escisión fundamental en la comprensión de la totalidad cósmica.

Este recorrido histórico revela un patrón consistente: la evolución desde religiones que integraban la ambivalencia divina hacia sistemas que escindían tajantemente bien y mal. El cristianismo ortodoxo, en su esfuerzo por preservar la bondad absoluta de Dios, transfirió progresivamente la responsabilidad del mal a entidades secundarias. Primero, el mal se atribuyó al diablo como agente rebelde; posteriormente, la humanidad caída se convirtió en portadora principal de la corrupción cósmica.

Este proceso creó las condiciones para la fragmentación psíquica que sistemas posteriores intentarían abordar mediante diferentes estrategias de reintegración. La tradición religiosa había sacrificado la totalidad paradójica que caracterizaba las cosmogonías orientales en aras de la

---

[8] **"Ireneo de Lyon"** (c. 130-202 d.C.) Padre de la Iglesia que desarrolló la primera refutación sistemática del gnosticismo en "Adversus haereses". Su doctrina del mal como "privación del bien" influyó decisivamente en Agustín. Menos conocido es que Ireneo vivió en una región (Lyon) donde persistían tradiciones celtas que atribuían poderes benévolos a figuras ctonías, creando tensiones culturales que se reflejan en su teología.

coherencia doctrinal, estableciendo el contexto histórico-religioso que enmarcaría todos los desarrollos posteriores en la comprensión del mal. La escisión teológica que separó lo divino de lo diabólico generaría tensiones que eventualmente demandarían nuevas formas de comprensión, preparando el terreno para la revolución psicológica que Jung introduciría siglos más tarde.

4. Septem Sermones ad Mortuos - Abraxas, la unidad de Dios y Diablo

Cuando Carl Gustav Jung redactó los "Septem Sermones ad Mortuos" el 15 de diciembre de 1916, firmando bajo el seudónimo de Basílides de Alejandría[9], no sabía que estaba creando uno de los documentos más reveladores de su enfrentamiento con las fuerzas inconscientes. Este texto enigmático brotó durante los años más turbulentos de su existencia, entre 1913 y 1919, período que él mismo llamaría su "confrontación con el inconsciente", donde las fronteras entre lo psíquico y lo material se desdibujaron de manera desconcertante.

La ruptura definitiva con Freud en 1912 había precipitado a Jung hacia un abismo de desorientación profunda que se extendería por años. Durante 1916, la casa familiar de Küsnacht se transformó en teatro de manifestaciones inexplicables que desafiaban toda lógica convencional. Jung documentó meticulosamente estos eventos extraordinarios: "El aire de toda la casa estaba como espesado. Mi hija mayor vio durante la noche una figura blanca que atravesaba su habitación." Los fenómenos

---

[9] **"Basílides de Alejandría"** Maestro gnóstico del siglo II d.C. que desarrolló un sistema cosmológico de 365 eones emanando del "Dios inefable". Su doctrina del "Gran Arconte" influenció la imagen junguiana de Abraxas. Los pocos fragmentos auténticos conservados por Clemente de Alejandría muestran un pensamiento más sutil que las atribuciones posteriores, incluyendo una teoría de la "semilla cósmica" que prefigura conceptos modernos sobre información genética.

se intensificaron hasta alcanzar su punto culminante cuando toda la familia presenció lo que Jung describió como "un ejército de cruces" moviéndose por el jardín, visión que antecedió por apenas dos días la composición de los "Sermones".

El 17 de diciembre de 1916, un evento aparentemente menor selló la significación de estos días extraordinarios: Jung encontró un halcón muerto en el umbral de su casa. Esta ave, considerada sagrada para Abraxas en la tradición helenística, parecía confirmar que las fuerzas evocadas en su texto habían encontrado expresión material en el mundo físico. La sincronía entre la escritura y la aparición del pájaro muerto habría de obsesionar a Jung durante años, confirmando su intuición de que ciertos estados psíquicos generan correspondencias en la realidad externa.

La fascinación de Jung por Abraxas no había comenzado con estos eventos dramáticos, sino que se remontaba a su juventud cuando examinaba las gemas abráxicas del período helenístico-romano que su padre, Johann Paul Achilles Jung, había coleccionado. Estas piedras grabadas representaban a Abraxas como figura híbrida desconcertante: cabeza de gallo, torso humano, piernas de serpiente, con los brazos extendidos sosteniendo un escudo y un látigo. Más que su apariencia extraña, lo que cautivaba a Jung era la precisión matemática del nombre ABRAXAS, que calculado según la gematría griega[10] suma

---

[10] **"Gematría griega"** Sistema de numerología que asigna valores numéricos a letras griegas. Alpha = 1, beta = 2, etc. El nombre ABRAXAS suma: A(1) + B(2) + R(100) + A(1) + X(60) + A(1) + S(200) = 365. Este

365, correspondiente exactamente a los días del año solar. "ABRAXAS = 365 = la totalidad del tiempo = la eternidad manifestada en el devenir", anotaba el joven Jung, presintiendo ya la significación cósmica de esta figura.

Los "Septem Sermones ad Mortuos" articulan una cosmología radical que comienza estableciendo el concepto del Pleroma como fundamento último de la realidad. "El pleroma nada es y todo es. Nada le sirve pensar sobre el pleroma, porque esto sería autodisolución." Jung radicalizaba aquí el concepto valentiniano del Pleroma, la plenitud divina previa a toda diferenciación, pero añadía una dimensión psicológica revolucionaria: "Puesto que somos partes del pleroma, el pleroma está también en nosotros." Esta formulación sugería que la totalidad cósmica no era realidad externa a la psique humana, sino matriz constitutiva de la experiencia consciente.

Desde esta base metafísica, el Segundo Sermón introduce la tesis que habría de definir toda la comprensión junguiana posterior del problema del mal: "A Dios pertenece siempre el diablo. En tanto que tú no ves esto, no has captado a Dios." Para Jung, tanto Dios como el Diablo constituían diferenciaciones necesarias del Pleroma, no realidades absolutas que pudieran existir independientemente. Esta perspectiva transformaba el dualismo moral tradicional en polaridad psicológica donde

---

cálculo aparece en papiros mágicos greco-egipcios del siglo III d.C. La coincidencia con los días del año solar llevó a interpretar ABRAXAS como símbolo del tiempo cósmico total.

los opuestos se revelaban como aspectos complementarios de una unidad más profunda.

La síntesis de esta tensión se alcanzaba mediante la figura de Abraxas, que Jung presentaba como realidad superior a ambos principios: "Esta unidad infinita y eterna del par de opuestos es lo que vosotros llamáis ABRAXAS. Abraxas está por encima del dios-sol en el aspecto efectivo, y por encima del diablo en el aspecto inefectivo." Abraxas representaba la coincidentia oppositorum, la unión de contrarios que trasciende las categorías morales ordinarias sin negarlas. Su posición "por encima" de Dios y del Diablo no implicaba superioridad jerárquica, sino comprensión que incluye ambos aspectos en una totalidad más amplia.

Profundizando en esta visión, el Tercer Sermón presenta a Abraxas como "deus quem difficile cognoscitur", el dios difícil de conocer cuya naturaleza escapa a las categorías habituales del pensamiento: "Abraxas genera verdad y mentira, bien y mal, luz y tinieblas en la misma palabra y en el mismo acto." La simultaneidad de esta generación elimina toda jerarquía temporal entre los opuestos, sugiriendo que la distinción entre bien y mal pertenece a niveles secundarios de la experiencia, mientras que en el nivel fundamental de Abraxas tales distinciones coinciden en la unidad primordial.

Esta comprensión condujo Jung hacia la formulación de lo que habría de constituir el núcleo de su psicología posterior: la necesidad de trascender la identificación con los opuestos mediante el desarrollo de la vida individual auténtica. El Cuarto Sermón introduce esta "vida individual" como tercera vía que supera la polarización: "Si permanecéis en función de los opuestos, estáis bajo el poder del par de opuestos. Por eso no busquéis nada de esto directamente, sino buscad vuestra vida individual." La individuación, concepto que Jung desarrollaría extensamente en obras posteriores, aparece aquí por primera vez como proceso que libera de la tiranía de los opuestos mediante el descubrimiento de una identidad que los incluye sin identificarse con ninguno.

Los "Septem Sermones ad Mortuos" cristalizaron una síntesis condensada donde Jung articuló por primera vez su visión revolucionaria del mal como componente constitutivo, no accidental, de la totalidad. Abraxas permanece en su obra como símbolo de una divinidad que trasciende las categorías morales precisamente porque las contiene todas, estableciendo el fundamento conceptual para todo el desarrollo posterior de Jung sobre la integración consciente de los opuestos. La experiencia extraordinaria de su composición confirmó para Jung que ciertos conocimientos psicológicos poseen carácter numinoso que los conecta con realidades transpersonales, validando así su método de tomar en serio las producciones del inconsciente como revelaciones auténticas sobre la naturaleza de la psique y del cosmos.

5. El Libro Rojo

Un caballero en armadura escarlata cabalga hacia un castillo solitario, portando consigo una revelación que transformaría la comprensión de Jung sobre el mal interior. Este encuentro extraordinario, registrado en el "Liber Secundus"[11] del "Libro Rojo", representa uno de los episodios más significativos en el desarrollo de la psicología analítica.

Jung se presenta como guardián de un castillo medieval, imagen que simboliza su actitud defensiva y ascética. La fortaleza representa la torre intelectual donde había refugiado su conciencia, protegiéndola de fuerzas vitales percibidas como amenazantes. La descripción posee una nitidez que revela la intensidad visionaria: "Vi a un caballero en armadura roja que cabalgaba hacia mi castillo. Su presencia irradiaba algo desconcertante, mundano, casi obsceno en su vitalidad." La identificación llegó inmediata: "Seguramente este rojo era el diablo, pero mi diablo."

La conversación revela la naturaleza compensatoria de esta manifestación diabólica. Cuando Jung mantiene su rigidez moral, El Rojo responde con crítica devastadora: "¿Por qué no bailas? El baile no es solo lujuria: es alegría de vivir. ¿Por qué te encierras en esa torre? La vida está

---

[11] **"Liber Secundus"** La segunda parte del "Libro Rojo" (1913-1916), escrita en latín con caligrafía gótica decorativa. Contiene las "imaginaciones activas" más importantes de Jung, incluyendo encuentros con figuras como Elías, Salomé y la figura del "Rojo". Jung utilizó técnicas de iluminación medieval, evidenciando su comprensión del trabajo psicológico como opus sacrum. El manuscrito permaneció inédito hasta 2009.

abajo, en los campos y los bosques." Estas palabras no constituyen tentación hacia el pecado, sino invitación urgente a reconectar con fuerzas vitales sistemáticamente reprimidas.

Jung resiste inicialmente: "No puedo bailar. Soy el guardián de este lugar. Mi deber es mantener la vigilancia." Esta respuesta revela su identificación con el control racional y el temor a abandonar su posición defensiva. El Rojo profundiza su cuestionamiento: "¿Vigilancia contra qué? ¿Contra la vida misma? Tu seriedad te ha convertido en prisionero de tu propia torre." La réplica desnuda la paradoja: protegerse del mal lo había convertido en prisionero de su pureza.

El momento transformador llega cuando Jung permite que su rigidez se disuelva: "Sentí como si hojas verdes emergieran de mi túnica gris. Mi armadura se ablandaba, volviéndose flexible como una piel viva." Esta imagen describe la renovación de su función sentimiento, atrofiada bajo la intelectualización excesiva. Las hojas verdes simbolizan renovación primaveral de la vida emocional, mientras el ablandamiento de la armadura representa apertura para recibir influencias transformadoras.

El Rojo demuestra características del "truquero" arquetípico, figura universal que desafía estructuras rígidas para provocar transformaciones necesarias. Su función compensatoria opera con precisión quirúrgica, atacando aspectos de la personalidad consciente que han alcanzado desarrollo unilateral peligroso. Jung anotaría: "Mi diablo no me tentó hacia el mal, sino hacia la vida que había perdido en mi torre de marfil intelectual."

La autonomía de este complejo diabólico constituye uno de los aspectos más fascinantes. El Rojo posee vida propia que trasciende las intenciones conscientes de Jung, hablando con voz que surge desde las profundidades inconscientes con autoridad incuestionable. Esta autonomía no representa patología, sino expresión de creatividad inconsciente que busca corregir desequilibrios. Jung reconocía: "Los complejos son como pequeñas personalidades que han desarrollado existencia independiente en los sótanos de la mente."

La confrontación valiente permite transformación mutua que constituye el núcleo del método junguiano para trabajar con la sombra. Jung no huye ni se identifica completamente con las demandas de El Rojo, sino mantiene diálogo consciente que permite integración gradual de contenidos previamente rechazados. Esta actitud de confrontación sin identificación se convertiría en modelo paradigmático para todo trabajo posterior con figuras de la sombra.

Jung extrae una conclusión que revela la inversión completa de la demonología tradicional: "Mi diablo resultó ser mi maestro disfrazado. No me enseñó maldad, sino totalidad." Esta declaración encapsula la revolución conceptual del encuentro. El diablo personal no aparece como tentador hacia la destrucción, sino como educador hacia la completitud, enseñando no mal moral sino integración de aspectos vitales sacrificados por una conciencia unilateral.

El encuentro con El Rojo estableció fundamentos para toda la obra posterior de Jung sobre individuación como proceso que requiere diálogo consciente con figuras rechazadas de la psique. Esta experiencia demostró que enemigos aparentes del desarrollo espiritual pueden revelarse como aliados indispensables cuando son confrontados correctamente. La figura diabólica no representa amenaza externa a exorcizar, sino dimensión de la personalidad total que reclama reconocimiento e integración para el cumplimiento del destino psicológico individual.

6. Respuesta a Job

La conversación celestial entre Yahvé y Satán que abre el Libro de Job[12] ha sido tradicionalmente interpretada como un diálogo entre el bien absoluto y el mal radical. Jung, sin embargo, percibió en estos versículos algo revolucionario: la descripción de un conflicto interno dentro de la divinidad misma, una tensión intrapsíquica divina dramatizada en forma de intercambio entre dos figuras aparentemente distintas.

Para Jung, la figura satánica no representaba un enemigo externo que desafía a Dios desde fuera, sino una función compensatoria operando desde dentro de la personalidad divina. "Satán pertenece todavía a la corte celestial de Yahvé... Es su hijo fiel, quien cumple la ingrata tarea de llamar la atención de su padre sobre sus incongruencias morales." Esta interpretación transformaba radicalmente a Satán de adversario cósmico en agente necesario para el desarrollo de la conciencia divina.

La propuesta satánica de poner a prueba la fidelidad de Job revelaba, según Jung, algo profundamente perturbador: la inseguridad inconsciente de Yahvé respecto a su propia bondad. Cuando Dios acepta la sugerencia diabólica, demuestra una necesidad de validación externa

---

[12] **"Libro de Job"** Obra sapiencial hebrea (c. siglos VI-IV a.C.) que cuestiona la teodicea tradicional. Su estructura literaria es compleja: prólogo en prosa (caps. 1-2), diálogos poéticos (caps. 3-31), discursos de Elihú (caps. 32-37), teofanía (caps. 38-41) y epílogo en prosa (cap. 42). Los críticos bíblicos debaten si el prólogo-epílogo y los diálogos son de autores diferentes, sugiriendo tensiones entre teologías incompatibles.

que delata una autoconciencia incompleta. La pregunta inicial de Yahvé a Satán - "¿No has considerado a mi siervo Job, que no hay otro como él en la tierra, varón perfecto y recto?" - contiene una nota de vanidad que expone la vulnerabilidad divina subyacente.

Jung identificó en las protestas de Job una paradoja moral extraordinaria: el ser humano que alcanza un nivel de conciencia ética superior al de su creador. Mientras Yahvé actúa impulsivamente, movido por dudas inconscientes que no puede reconocer, Job mantiene su integridad moral a pesar del sufrimiento aparentemente injusto que le ha sido impuesto. La declaración de Job "Aunque me mate, en él esperaré" no expresa para Jung sumisión ciega, sino compromiso inquebrantable con un ideal de justicia que trasciende los caprichos divinos.

Los capítulos donde Job realiza su "juramento de inocencia" representan la cúspide de la evolución moral humana tal como Jung la concebía. Job no se limita a declarar su inocencia personal, sino que articula un código ético que supera ampliamente la moralidad convencional de su época: "Si anduve con vanidad... si mi corazón fue seducido por mujer... si desprecié el derecho de mi siervo y de mi sierva..." Estas declaraciones transforman a Job en "maestro" de Dios, forzando a la divinidad a confrontar sus propias contradicciones morales.

Cuando Yahvé finalmente responde desde el torbellino, Jung percibe no una respuesta a las demandas de justicia de Job, sino una evasión mediante el despliegue de poder bruto. "¿Dónde estabas tú cuando yo fundaba la tierra?" representa el recurso típico de la autoridad cuando es confrontada moralmente: apelar a la superioridad de fuerza en lugar de ofrecer justificación ética. Dios responde al cuestionamiento moral con una demostración de omnipotencia que ignora completamente las legítimas demandas de justicia.

Las descripciones de Behemot y Leviatán[13] cobran significado especial en la interpretación junguiana. Estas criaturas simbolizan las fuerzas caóticas que Dios debe dominar para mantener el orden cósmico, pero Jung las entiende no como entidades externas a la divinidad, sino como aspectos de la propia naturaleza divina que permanecen no integrados: "Behemot y Leviatán representan la sombra de Yahvé, su aspecto destructivo que permanece inconsciente."

Satán emerge en esta lectura como la proyección de la sombra divina no reconocida. Su función consiste en articular dudas y cuestionamientos que pertenecen al propio Yahvé pero que este no puede asumir conscientemente. Cuando Satán pregunta "¿Acaso teme Job a Dios de balde? ¿No le has cercado alrededor a él y a su casa...?", está vocalizando sospechas que habitan en la mente divina pero que Yahvé no puede reconocer como propias.

---

[13] **"Behemot y Leviatán"** Criaturas míticas descritas en Job 40:15-41:34. Behemot (hebreo בהמות, plural intensivo de "bestia") se asocia tradicionalmente con el hipopótamo, pero sus características trascienden cualquier animal real. Leviatán (לויתן, "el retorcido") aparece también en textos ugaríticos como Lotan, serpiente primordial de siete cabezas. Ambos representan fuerzas caóticas que Yahvé domina pero no destruye, sugiriendo su necesidad cósmica.

La desaparición súbita de Satán tras el prólogo no indica su derrota, sino su reintegración inconsciente en la personalidad divina. Jung observa que "Satán no es derrotado; simplemente desaparece porque su función ha sido cumplida: ha forzado a Yahvé a confrontar su propia ambivalencia moral." Esta reintegración inconsciente explica por qué Dios actúa posteriormente con la misma crueldad que había caracterizado las sugerencias satánicas.

La respuesta final de Job constituye para Jung no un acto de sumisión, sino la integración consciente de una experiencia numinosa que trasciende las categorías morales ordinarias. Job ha contemplado a Dios "cara a cara" y comprende que la divinidad incluye aspectos que escapan al juicio moral humano convencional. "Por tanto me aborrezco, y me arrepiento en polvo y ceniza" no representa auto aniquilación sino la muerte del ego moral inflado que había exigido justicia de Dios.

Job alcanza una perspectiva transpersonal capaz de abarcar la totalidad divina, incluyendo su sombra. Esta transformación prefigura el desarrollo futuro de la conciencia humana, que debe aprender a relacionarse con una imagen de Dios que integre aspectos tanto luminosos como oscuros. Jung percibía en esta evolución la promesa de una religiosidad más madura, capaz de honrar la complejidad de lo divino sin refugiarse en simplificaciones moralistas que proyectan la sombra fuera de la divinidad misma.

7. Aion

Cuando Hiparco de Nicea[14] alzó la vista al cielo nocturno del siglo II antes de Cristo, no sabía que estaba descubriendo una clave que, dos milenios después, Carl Gustav Jung utilizaría para desentrañar los misterios del alma humana y su relación con el mal. El gran astrónomo griego había detectado algo extraordinario: las estrellas fijas se desplazaban lentamente respecto a los puntos equinocciales, un fenómeno que llamó precesión de los equinoccios[15].

Hiparco llegó a esta conclusión comparando sus observaciones con las de Timocaris y Aristilo, realizadas 150 años antes. Este movimiento retrógrado del punto vernal a través de la eclíptica completa un ciclo cada 25,920 años aproximadamente, dividiendo la historia en doce "Grandes Años" de unos 2,160 años cada uno. En su "Comentario sobre los Fenómenos de Arato y Eudoxo", registró: "Las estrellas fijas han cambiado de posición respecto a los puntos equinocciales... este movimiento,

---

[14] **"Hiparco de Nicea"** (c. 190-120 a.C.) Astrónomo griego que descubrió la precesión de los equinoccios comparando observaciones de Spica con registros babilónicos de 150 años antes. Su catálogo estelar, que clasificaba 850 estrellas por magnitud, se perdió pero fue utilizado por Ptolomeo. El descubrimiento de la precesión fundó la astrología de las "Grandes Eras", crucial para la interpretación esotérica posterior.

[15] **"Precesión de los equinoccios"** Fenómeno astronómico descubierto por Hiparco causado por la inclinación del eje terrestre, que completa un ciclo cada 25,920 años aproximadamente. Divide la historia en doce "meses cósmicos" de 2,160 años cada uno. La teoría de las eras astrológicas influyó en pensadores como Joaquín de Fiore (siglo XII), quien periodizó la historia sagrada en tres edades correspondientes a la Trinidad.

aunque lento, es constante y mensurable." Esta observación estableció la base astronómica para las posteriores especulaciones sobre eras astrológicas.

Claudio Ptolomeo sistematizó estos conocimientos en el "Almagesto", calculando la precesión en aproximadamente 1° cada 100 años, cifra muy cercana al valor actual de 1° cada 72 años. Esta precisión matemática permitió a astrólogos posteriores desarrollar teorías sobre la influencia de las eras zodiacales en el desarrollo de la conciencia humana, teorías que eventualmente llegarían hasta Jung.

La tradición hermética medieval, revitalizada tras la traducción del "Corpus Hermeticum" por Marsilio Ficino en 1471, desarrolló una teología astrológica que correlacionaba las eras precesionales con revelaciones espirituales progresivas. El "Picatrix", texto fundamental de magia astrológica del siglo XI, afirmaba: "Cada era zodiacal trae una nueva dispensación de la sabiduría divina, manifestada a través de profetas y símbolos apropiados a su tiempo."

La "Tabla Esmeraldina", atribuida a Hermes Trismegisto, establecía el principio de correspondencia: "Como arriba, así abajo; como abajo, así arriba." Esta máxima fundamentaba la creencia de que los movimientos celestes reflejaban transformaciones en la psique colectiva terrestre. Los hermetistas medievales interpretaban la transición entre eras como momentos de crisis y renovación espiritual.

Albumasar, astrólogo persa del siglo IX cuyas obras fueron traducidas al latín, desarrolló en "De Magnis Coniunctionibus" una teoría de las "grandes conjunciones" que correlacionaba configuraciones planetarias específicas con el surgimiento de religiones. Su influencia se extendió hasta la época de Jung, quien conocía estas tradiciones a través de estudios renacentistas.

Marsilio Ficino, en su "De Vita Coelitus Comparanda" de 1489, sintetizó la astrología hermética con el platonismo cristiano, desarrollando una teología astral que influyó profundamente en la interpretación junguiana de las eras. Ficino escribía: "Los cielos no solo gobiernan los cuerpos, sino que imprimen formas espirituales en las almas... Cada era zodiacal modela la imaginación colectiva según sus cualidades arquetípicas."

Para Ficino, la era de Aries había correspondido al período mosaico, caracterizado por el culto al carnero y la ley marcial; la era de Piscis coincidía con el cristianismo, simbolizado por el pez y caracterizado por la compasión y el sacrificio. Esta periodización prefiguraba las especulaciones junguianas sobre la correspondencia entre símbolos religiosos y eras astrológicas.

Johannes Regiomontanus, matemático y astrónomo alemán del siglo XV, calculó con mayor precisión la duración de las eras zodiacales en su "Ephemerides". Sus cálculos situaban el inicio de la era de Piscis hacia el año 1 d.C., coincidencia que los astrólogos posteriores interpretaron como confirmación divina del cristianismo. En sus "Tabulae Directionum", escribía: "La providencia dispuso que el Salvador naciera al comienzo de la era de

Piscis, para que su símbolo fuera el pez, emblema de su misión redentora."

La simbología pisciana se manifestó tempranamente en el cristianismo primitivo. Dentro de las catacumbas romanas, el símbolo del pez (ΙΧΘΥΣ) adquirió significado cristológico mediante el acróstico griego: "Iesous Christos Theou Yios Soter" (Jesús Cristo, Hijo de Dios, Salvador). Esta identificación aparece por primera vez en las catacumbas de San Calixto en el siglo III, donde frescos muestran peces acompañados de inscripciones eucarísticas.

El "Epitafio de Pectorius"[16], descubierto en Autun, Francia, y datado a finales del siglo III, contiene la invocación: "Divino descendiente del pez celestial, conserva tu corazón puro entre los mortales que reciben la fuente inmortal de las aguas divinas." Esta oración confirma la identificación simbólica entre Cristo y el pez, estableciendo un paradigma iconográfico que perduró durante siglos.

En las catacumbas de Priscila, el fresco del "Banquete eucarístico" del siglo III muestra siete figuras compartiendo pan y peces, evocando simultáneamente la multiplicación milagrosa y la última cena. Esta superposición simbólica

---

[16] **"Epitafio de Pectorius"** Inscripción funeraria greco-latina del siglo III d.C. descubierta en Autun, Francia. Contiene un acróstico ΙΧΘΥΣ (pez) que se lee: "Ἰησοῦς Χριστὸς Θεοῦ Υἱὸς Σωτήρ" (Jesús Cristo, Hijo de Dios, Salvador). El texto revela la temprana asociación entre Cristo y el simbolismo pisciano, anterior a la formulación dogmática del Concilio de Nicea (325 d.C.).

sugería que los primeros cristianos interpretaban los milagros pesqueros como prefiguraciones de la eucaristía.

Los Evangelios registran múltiples milagros relacionados con peces, que la exégesis patrística interpretó como revelaciones del misterio cristológico. La multiplicación de los panes y peces, narrada en los cuatro evangelios, fue interpretada por Orígenes en su "Comentario sobre Mateo" como "imagen de la abundancia espiritual que Cristo otorga a quienes le siguen."

La pesca milagrosa tras la resurrección, relatada en Juan 21:1-14, adquirió significado escatológico en la interpretación patrística. San Jerónimo, en su "Comentario sobre Ezequiel", escribía: "Los 153 peces representan la totalidad de los elegidos que serán reunidos en la red del Reino." Esta numerología, basada en la suma de los números del 1 al 17, simbolizaba la plenitud de la salvación.

San Juan Crisóstomo profundizaba en el simbolismo en sus "Homilías sobre Juan": "Pedro se arroja al agua para llegar a Cristo, simbolizando el bautismo por el cual el alma se sumerge en las aguas de la gracia para alcanzar al Salvador." Esta interpretación establecía una tipología sacramental que perduró en la liturgia cristiana.

Agustín de Hipona desarrolló la más sofisticada exégesis patrística de la simbología pisciana en su "Tractatus in Iohannem". Interpretando Juan 21:11, escribía: "Los 153 peces significan la totalidad de los santos... este número surge de sumar todos los enteros desde uno hasta diecisiete, y diecisiete simboliza la perfección de la ley (diez mandamientos) y la gracia (siete dones del Espíritu)."

En su "De Civitate Dei", Agustín correlacionaba el simbolismo pisciano con la providencia histórica: "No fue casual que Cristo eligiera pescadores como discípulos, ni que multiplicara peces para alimentar a las multitudes. Todas estas acciones revelan que su reino se extiende en las profundidades del mundo como los peces en el mar."

Para Agustín, el elemento acuático simbolizaba la condición de la humanidad caída, sumergida en las aguas del mundo sensible. El pez, capaz de vivir en este elemento sin ahogarse, representaba al cristiano que permanece en el mundo sin ser corrompido por él: "Así como el pez vive en el agua sin disolverse en ella, el alma cristiana habita en el mundo sin perderse en sus vanidades."

Jung encontró en esta rica tradición simbólica las claves para su interpretación de la era cristiana y su comprensión del problema del mal. En "Aion", analiza extensamente el símbolo astrológico de Piscis como representación de la dualidad inherente a la era cristiana. Los dos peces, tradicionalmente denominados "piscis magnus" y "piscis parvus", nadan en direcciones opuestas pero permanecen unidos por un hilo invisible, simbolizando la tensión entre tendencias espirituales ascendentes y descendentes.

Jung escribía: "El símbolo de Piscis... consiste en dos peces nadando en direcciones opuestas... Este símbolo expresa admirablemente la tensión de opuestos que caracteriza el eón cristiano: la tendencia hacia arriba (espíritu) y hacia abajo (materia), ambas igualmente necesarias para la totalidad."

En la tradición astrológica, el pez superior (boreal) se asociaba con Júpiter y Venus, planetas benéficos relacionados con la espiritualidad y el amor; el pez inferior (austral) se vinculaba con Marte y Saturno, planetas maléficos asociados con la guerra y la melancolía. Jung interpretaba esta polaridad como expresión simbólica de la necesidad de integrar aspectos luminosos y oscuros del arquetipo del Sí-mismo.

Jung argumentaba que la insistencia cristiana en la bondad absoluta de Dios había generado una "sombra colectiva" que se manifestaría necesariamente en la segunda mitad de la era de Piscis. En "Aion", escribía: "La existencia de esta sombra plantea un problema moral de primera magnitud... Si Cristo es el modelo perfecto, ¿dónde queda lugar para los aspectos oscuros de la personalidad?"

Esta unilateralidad había proyectado el mal en figuras como Satán y el Anticristo, creando una escisión artificial en la imagen de la divinidad. Jung observaba que "el arquetipo del Cristo... es incompleto porque carece de la sombra... Por eso debe ser complementado por el Anticristo como su contraparte oscura."

Jung interpretaba la era emergente de Acuario como período de "democratización de lo sagrado", donde el arquetipo del Sí-mismo ya no se proyectaría en una figura redentora única (Cristo), sino que se distribuiría en la conciencia individual. El símbolo del aguador[17] vertiendo agua representaba la difusión universal de la sabiduría espiritual.

En sus notas sobre astrología, Jung escribía: "Acuario es un signo de aire, elemento del pensamiento y la comunicación... Su era se caracterizará por la expansión de la conciencia y la fraternidad universal, pero también por el peligro de la inflación intelectual."

---

[17] **"Aguador"** El símbolo de Acuario como portador de agua tiene raíces en la mitología mesopotámica, donde Enki/Ea era dios de las aguas dulces y la sabiduría. En astronomía, Acuario es la constelación más grande del zodíaco. Su estrella principal, Sadalmelik, significa "rey de la buena fortuna" en árabe. La iconografía del aguador influyó en representaciones de San Juan Bautista y, por extensión, en el simbolismo del bautismo cristiano.

8. Psicología y Alquimia

Cuando Carl Gustav Jung se sumergió en los enigmáticos manuscritos alquímicos, descubrió algo extraordinario: una tradición milenaria había desarrollado, sin saberlo, una psicología profunda del mal que anticipaba sus propias investigaciones sobre la sombra. Los hornos de los antiguos alquimistas no solo transformaban metales; contenían proyecciones de los procesos más íntimos de la psique humana, donde el Diablo había encontrado un papel inesperado como agente de transformación espiritual.

La tradición alquímica que influyó en Jung hundía sus raíces en los laboratorios de los sabios árabes, donde se establecieron por primera vez las bases conceptuales que asociarían la materia vil con principios demoníacos. Jabir ibn Hayyan[18] (c. 721-815), conocido en Occidente como Geber, desarrolló la teoría fundamental del azufre-mercurio que dominaría el pensamiento alquímico durante más de mil años. En su Kitab al-Sabain (Libro de los Setenta), Jabir escribía que el azufre constituía el principio del fuego masculino, ardiente y seco, mientras que el mercurio representaba el principio acuoso femenino, frío y húmedo. De su unión nacían todos los metales, pero también podían generar el veneno más mortal.

---

[18] **"Jabir ibn Hayyan"** (c. 721-815) Alquimista árabe cuyas obras (probablemente de múltiples autores) establecieron los fundamentos de la alquimia latina. Su teoría azufre-mercurio explicaba la formación de metales y influyó en toda la alquimia posterior. El "Corpus Jabirianum" comprende unas 3,000 obras atribuidas, de las cuales solo una fracción es auténtica. Su método combinaba experimentación práctica con teorías neoplatónicas sobre la unidad de la materia.

Esta naturaleza ambivalente del mercurio fascinaba a los alquimistas árabes, quienes lo describían en los textos del Corpus Jabirianum como "el espíritu que vuela y el demonio que seduce." Al-Razi (854-925), conocido como Rhazes, sistematizó esta tradición en su clasificación de sustancias, distinguiendo entre "espíritus" (mercurio, azufre, sal amoniacal), "cuerpos" (metales) y "piedras" (minerales). En su Liber Secretorum, Al-Razi advertía que el mercurio era como el diablo: prometía la luz pero podía traer las tinieblas más profundas. Solo quien conocía su naturaleza dual podía dominarlo sin ser dominado.

El siglo XIII presenció la aparición de una tradición alquímica latina que reinterpretó las fuentes árabes a través del prisma de la teología cristiana. Los tratados atribuidos al Pseudo-Geber, particularmente la Summa Perfectionis, describían la prima materia en términos que evocaban deliberadamente la iconografía diabólica: la primera materia era negra, fétida y despreciable, semejante al carbón del infierno, pero contenía en su interior la luz de los santos.

Alberto Magno (1200-1280), en su monumental De mineralibus, intentó reconciliar la tradición alquímica con la filosofía aristotélica y la teología cristiana. Describía el proceso alquímico como una imitación de la creación divina, pero advertía sobre los peligros inherentes: así como Lucifer cayó por su orgullo al intentar igualarse a Dios, el alquimista que buscaba crear vida artificial corría el riesgo de ser poseído por el espíritu del engaño. Roger Bacon (1214-1294), en su Opus Maius, propuso una visión experimental de la alquimia que conservaba sus dimensiones simbólicas. Para Bacon, la ciencia experimental era como descender al infierno de la materia para extraer de allí las perlas de la sabiduría. El sabio debía enfrentarse a los demonios de la ignorancia armado únicamente con la luz de la razón.

Jung encontró en el Rosarium Philosophorum[19] (c. 1550) una de las expresiones más sofisticadas de la psicología alquímica del mal. Esta obra presentaba la Gran Obra como un matrimonio sagrado (hieros gamos) entre principios opuestos, incluyendo fuerzas celestiales e infernales. La primera imagen del Rosarium mostraba la Fons Mercurialis, una fuente hexagonal de la cual emergía un dragón de siete cabezas. En Psicología y Alquimia, Jung comentaba sobre esta figura que el dragón de siete cabezas representaba la prima materia en su estado caótico múltiple. Las siete cabezas correspondían a los siete metales planetarios, pero también a los siete pecados capitales que debían ser transformados.

Las imágenes matrimoniales del Rosarium incluían escenas donde el Rey Solar y la Reina Lunar yacían muertos en una tumba acuosa, rodeados de símbolos infernales. El texto explicativo rezaba: "Aqua nostra non est aqua vulgaris" (Nuestra agua no es agua común), refiriéndose al aqua permanens que disolvía y renovaba. Jung interpretaba que esta agua negra que rodeaba a los esposos era el

---

[19] **"Rosarium Philosophorum"** Tratado alquímico anónimo del siglo XVI que contiene 20 grabados emblemáticos describiendo las fases de la "Gran Obra". Las imágenes muestran la unión matrimonial (hieros gamos) entre Rey Solar y Reina Lunar, su muerte, putrefacción y resurrección como "Hijo Filosófico". Jung analizó extensamente estos grabados como representaciones del proceso de individuación en "Mysterium Coniunctionis".

disolvente universal, el caos líquido que precedía a toda creación. La vigésima imagen del Rosarium mostraba la aparición del filius philosophorum[20], el hijo filosófico nacido de la unión de los opuestos, pero el texto advertía: "Draco non moritur nisi cum fratre et sorore sua simul interficiatur" (El dragón no muere a menos que sea matado junto con su hermano y hermana). Jung explicaba que el dragón diabólico debía participar en su propia muerte para que pudiera renacer transformado. No se trataba de eliminarlo, sino de incluirlo en el proceso regenerativo.

El Aurora Consurgens[21], atribuido controversialmente a Tomás de Aquino, contenía uno de los pasajes más audaces de la literatura alquímica respecto al papel del mal en la transformación espiritual. En el capítulo VII, se leía la frase que Jung citaba frecuentemente: "Diabolus enim in se ipso habet semen lapidis philosophici" (El diablo lleva en sí mismo la semilla de la piedra filosofal). Este texto desarrollaba esta idea a través de una exégesis alegórica del Cantar de los Cantares, donde la Esposa oscura (nigra sum sed formosa) representaba la prima materia diabólica que

---

[20] **"Filius philosophorum"** El "hijo de los filósofos" que nace de la unión alquímica de opuestos. Simboliza la personalidad integrada que ha asimilado tanto aspectos conscientes como inconscientes. A diferencia del Christ histórico, el filius philosophorum incluye aspectos "diabólicos" transformados. Los textos alquímicos lo describen como hermafrodita, indicando la unión de principios masculinos (logos) y femeninos (eros).

[21] **"Aurora Consurgens"** Tratado alquímico atribuido controversialmente a Tomás de Aquino (siglo XIII). Su primera parte contiene una exégesis alegórica del Cantar de los Cantares aplicada a la obra alquímica. La "Esposa oscura" (nigra sum sed formosa) representa la prima materia que debe ser purificada. El texto fue crucial para Jung porque demostraba cómo el cristianismo medieval había desarrollado, inconscientemente, simbolismos que integraban lo "diabólico" en el proceso espiritual.

debía ser purificada. El texto proclamaba que era negra pero hermosa, advirtiendo que no debían mirar que era morena, porque el sol la había mirado y los hijos de su madre se habían airado contra ella.

Un pasaje particularmente significativo describía la transformación de la materia negra: "Terra tenebrosa et opaca facta est terra lucida" (La tierra tenebrosa y opaca se ha vuelto tierra luminosa). El texto continuaba explicando que la negrura no era vicio sino virtud oculta, pues en las tinieblas más profundas habitaba la luz más brillante, como el carbón contenía el fuego.

Basilio Valentín, figura pseudónima del siglo XV, legó en sus Doce Llaves una de las descripciones más detalladas del papel del diablo en la obra alquímica. La Segunda Llave presentaba una imagen impactante: un demonio encadenado en una caverna subterránea, custodiando un tesoro. El texto explicativo rezaba: "Draco interfecit seipsum" (El dragón se mata a sí mismo), sugiriendo que la energía destructiva, al volverse contra sí misma, se transmutaba en fuerza creativa. Basilio escribía que en la caverna del dragón yacía el tesoro de los reyes. Pero el dragón nunca dormía, y custodiaba su tesoro con tal fiereza que solo el más valiente podía arrebatárselo. Sin embargo, quien lograra encadenar al dragón sin matarlo, encontraría que el tesoro se multiplicaba infinitamente.

La Séptima Llave contenía una de las imágenes más escatológicas de la literatura alquímica: Basilio describía cómo el azufre de los filósofos se encontraba en el excremento del demonio. El texto explicaba: "In stercore diaboli invenitur aurum philosophorum" (En el estiércol del diablo se encuentra el oro de los filósofos). Esta metáfora extrema ilustraba que lo más vil podía contener lo más precioso. La Novena Llave presentaba al diablo como guardián de la aqua vitae: el demonio custodiaba el agua de vida en vasijas de vidrio. Quien quisiera obtenerla debía primero vencer al custodio, pero no mediante la fuerza sino mediante la astucia del amor. Basilio desarrollaba que el demonio entregaba voluntariamente su tesoro solo a quien no lo temía ni lo odiaba, sino que reconocía en él un servidor necesario de la obra divina.

Los textos de Zósimo de Panópolis (c. 300 d.C.) proporcionaron a Jung algunas de las descripciones más vívidas de la nigredo como muerte simbólica asociada con lo diabólico. En su Visión sobre el Agua Divina, Zósimo narraba un sueño donde presenciaba el sacrificio ritual de un hombre de bronce: había visto un sacerdote de pie ante un altar en forma de cuenco. El sacerdote le había dicho que había completado el descenso de los quince escalones hacia la oscuridad, y había completado el ascenso de los escalones hacia la luz. El que sacrificaba era sacrificado, pues vomitaba su propia carne.

En otra visión, Zósimo describía el encuentro con un "daemon" que se identificaba como "anthropos chalkeus" (el hombre de cobre): este ser le había dicho que era el guardián del lugar de castigo. Allí sufrían aquellos que buscaban transformar su naturaleza. Pero el sufrimiento mismo era el agente de la transformación. El demonio zosímico no era un obstáculo externo, sino un aspecto de la psique que debía pasar por la putrefacción.

Michael Maier (1568-1622), en su Atalanta Fugiens, desarrolló una iconografía sistemática de la nigredo centrada en la figura del cuervo como símbolo diabólico. El Emblema I mostraba un cuervo negro posado sobre un cadáver, con el epigrama: "Ventus eum in ventre suo portavit" (El viento lo llevó en su vientre). Maier explicaba que el cuervo era el símbolo de la putrefacción inicial, la muerte aparente que precedía al renacimiento. Como el cuervo se alimentaba de carroña, así la obra se nutría de la corrupción de la materia prima. El Emblema XXX presentaba la "cabeza del cuervo" (caput corvi) como primera manifestación de la obra diabólica: una sustancia negra que debía ser alimentada "con leche de virgen." Maier escribía que la cabeza del cuervo era el primer signo de que el demonio de la materia había comenzado su transformación. Aunque negra y repugnante, debía ser nutrida con la más pura de las sustancias.

Jung concluyó que la alquimia había desarrollado una sofisticada psicología de la integración del mal sin saberlo conscientemente. En Psicología y Alquimia, resumía que lo que los alquimistas proyectaron sobre la materia era en realidad el drama de la psique humana. Su opus describía el proceso de transformación interior mediante el cual el caos inconsciente se ordenaba gradualmente bajo la luz de la conciencia. El athanor o horno filosófico se revelaba como símbolo de la psique contenedora, capaz de soportar la tensión de los opuestos sin escindirse. Como escribía Jung, el horno alquímico era imagen del temenos psíquico, el espacio sagrado donde los contrarios podían coexistir sin destruirse mutuamente.

Los textos alquímicos mostraban que el trabajo con lo diabólico requería una actitud paradójica: ni rechazo absoluto ni identificación ingenua. El Rosarium aconsejaba: "Diabolum noli timere sed noli ei credere" (No temas al diablo pero no le creas). Esta máxima resumía la sabiduría alquímica sobre el trato con las fuerzas oscuras: respeto sin adoración, cautela sin terror.

9. Mysterium Coniunctionis

Durante los últimos años de su vida intelectual, Jung enfrentó el desafío de dar forma definitiva a décadas de reflexión sobre la naturaleza del mal y su lugar en la psique humana. "Mysterium Coniunctionis" (1955-1956) cristalizó esta búsqueda como la expresión más madura de su pensamiento sobre la integración del mal, formulando su comprensión definitiva de cómo los opuestos psíquicos —incluida la polaridad bien-mal— pueden reconciliarse sin anularse mutuamente.

La investigación de Jung sobre la figura de la Madre Divina en su aspecto oscuro reveló una comprensión profunda de la "prima materia" alquímica. Esta Mater Dei negra simbolizaba la naturaleza en su estado original, anterior a cualquier diferenciación moral. Como escribía en el volumen II de la obra: "La Mater Dei negra representa la naturaleza en su estado original, anterior a la diferenciación moral. Contiene tanto al Hijo divino como al "diabolus", pues ambos emergen de la misma matriz inconsciente."

Los textos alquímicos que Jung estudiaba describían la "terra nigra" como madre tanto del oro como del plomo, revelando una sabiduría que trascendía las categorías morales convencionales. Al citar el "Aurora Consurgens": "Terra autem illa tenebrosa et opaca... continet filium lucis et filium tenebrarum" (Aquella tierra tenebrosa y opaca... contiene al hijo de la luz y al hijo de las tinieblas), Jung encontró confirmación de su intuición fundamental sobre la naturaleza indiferenciada del substrato psíquico.

La comprensión que desarrolló a partir de estos textos transformó radicalmente la aproximación al mal psicológico. "La Madre oscura no es malvada sino indiferenciada. Como la naturaleza produce tanto veneno como medicina de la misma tierra, el inconsciente genera tanto impulsos destructivos como creativos de la misma energía libidinal." Esta perspectiva permitía integrar aspectos diabólicos sin moralizarlos prematuramente, reconociendo su función estructural en la economía psíquica.

La figura alquímica del "filius philosophorum" captó la atención de Jung como símbolo perfecto del YO que integra opuestos, incluidos los aspectos diabólicos de la psique. Este "hijo de los filósofos" nacía de la unión entre Sol (consciencia) y Luna (inconsciente), pero también de la reconciliación entre azufre (principio ígneo-diabólico) y mercurio (principio volátil ambivalente). A través de esta imagen, Jung articuló una visión de la personalidad integrada que trascendía las limitaciones de la perfección moral unilateral.

"El "filius philosophorum" representa la personalidad integrada que ha asimilado conscientemente sus contenidos sombríos. No es perfección moral sino totalidad psicológica." Los textos alquímicos describían este hijo como hermafrodita, llevando a Jung a anotar: "Mercurius... hermafrodita como su preforma, el Diablo", sugiriendo que la síntesis final conservaba la naturaleza ambivalente de sus componentes originales.

El "Rosarium Philosophorum" proporcionó a Jung la formulación más precisa de esta síntesis: "Ex masculo et femina fiat unum... ex contrariis fit concordia" (Del masculino y femenino se hace uno... de los contrarios nace la concordia). Su interpretación de este pasaje revelaba la sofisticación de su comprensión: "Esta concordia no elimina la oposición sino que la mantiene en tensión creativa. El hijo filosófico incluye tanto tendencias angelicales como diabólicas, pero las relaciona conscientemente."

La culminación teórica de "Mysterium Coniunctionis" se alcanzó con la introducción del concepto de "unus mundus"[22], tomado del alquimista Gerhard Dorn pero desarrollado por Jung como fundamento ontológico para la integración del mal. Esta realidad última donde todos los opuestos se revelan como aspectos de una unidad trascendente proporcionó el marco conceptual final para su psicología del mal.

Jung escribía: "El "unus mundus" no es utopía donde el mal desaparece, sino reconocimiento de que bien y mal son distinciones relativas a niveles específicos de conciencia. En la realidad última, ambos sirven a la función de generar consciencia mediante su tensión dinámica." Esta formulación resolvía el problema teológico del mal sin trivializarlo, manteniendo tanto su realidad como su función constructiva.

---

[22] **"Unus mundus"** Concepto del alquimista Gerhard Dorn (siglo XVI) que designa la realidad unitaria subyacente que unifica materia y espíritu. Jung adoptó el término para describir el nivel arquetípico donde cesan las distinciones ordinarias, incluyendo la oposición bien/mal. La idea encuentra paralelos en la física cuántica (variables ocultas) y en la filosofía de Spinoza (sustancia única con atributos mentales y físicos).

La profundidad de esta comprensión se reveló en su tratamiento del Diablo dentro del "unus mundus": "En el "unus mundus", el Diablo conserva su realidad pero se revela como función necesaria en la economía cósmica de la consciencia. Su oposición a lo divino genera la tensión que impulsa la evolución psicológica." De esta manera, Jung conciliaba la realidad del mal con su función transformadora, evitando tanto su negación como su absolutización.

La tarea práctica que derivaba de esta comprensión teórica encontró su expresión en la formulación junguiana de la individuación: "La tarea de la individuación es realizar en la psique individual lo que el "unus mundus" representa cosmológicamente: la reconciliación consciente de opuestos que mantiene su tensión productiva sin caer en identificaciones unilaterales."

Esta síntesis teórica condujo a Jung hacia la formulación de una ética revolucionaria que constituía la culminación de décadas de reflexión sobre el mal. "Quien desee tomar el cielo por asalto para vencer al mal por la fuerza ya está en manos del mal", observaba, porque la actitud combativa perpetúa la escisión que busca resolver. La alternativa que proponía exigía un coraje diferente: "Reconocer el mal en uno mismo para transmutarlo" mediante la luz de una conciencia que "no es completa si no ilumina la oscuridad interior."

Esta iluminación no eliminaba la oscuridad sino que la incluía en una síntesis superior, transformando la naturaleza misma de la relación entre bien y mal. Jung formuló el principio ético que emergía de esta comprensión:

"La meta del desarrollo psíquico no es la perfección moral unilateral sino la integridad ("wholeness") que incluye los pares de opuestos en un equilibrio dinámico."

Esta integridad correspondía al "mysterium coniunctionis" realizado: la unión consciente de contrarios que genera una personalidad capaz de relacionarse creativamente con todas las manifestaciones de lo numinoso, incluidas las que la moralidad convencional considera diabólicas. La obra concluía con una visión que transformaba completamente el problema tradicional del mal: el Diablo se resuelve no mediante su eliminación sino mediante su inclusión en la totalidad psicológica, tal como los alquimistas unían azufre y mercurio en la piedra filosofal que contenía y trascendía ambos principios en una síntesis permanentemente dinámica.

10. El seminario sobre Así habló Zaratustra

Durante cinco años cruciales, de 1934 a 1939, Carl Gustav Jung transformó su estudio privado en Zürich en laboratorio de análisis psicológico aplicado a una de las obras más provocadoras de la literatura filosófica occidental. Las más de 1,500 páginas de notas meticulosamente registradas del seminario sobre Así habló Zaratustra revelan no solo la aplicación sistemática del método junguiano a un texto filosófico, sino una disección magistral de cómo las fuerzas inconscientes pueden tanto crear como destruir al genio que las canaliza.

Jung estableció desde la sesión inaugural del 2 de mayo de 1934 una premisa radical que distinguiría su aproximación de cualquier análisis filosófico convencional. "No abordaremos Zaratustra como filosofía sino como producto del inconsciente. Nietzsche escribió bajo dictado de fuerzas que no comprendía completamente." Esta declaración metodológica permitía al psiquiatra suizo identificar manifestaciones arquetípicas sin verse obligado a suscribir las tesis nietzscheanas, tratando la obra como lo que Jung denominó un "gran sueño" colectivo.

La estructura misma del seminario reflejaba esta aproximación innovadora. Zaratustra pertenecía, según Jung, a esa clase de obras visionarias que brotan del inconsciente colectivo y que, como los sueños individuales, demandaban interpretación simbólica antes que literal. Esta perspectiva abría un territorio inexplorado donde la psicología profunda podía iluminar las fuerzas ocultas que operaban tanto en la creación artística como en la disolución personal del creador.

Las primeras sesiones del seminario se dedicaron a un aspecto aparentemente paradójico que Jung consideraba revelador del conflicto no resuelto en la psique nietzscheana: la elección del reformador persa Zoroastr[23]o como portavoz de una filosofía que pretendía trascender las categorías morales. Zaratustra, el profeta histórico de los siglos VII-VI antes de Cristo, había establecido en los Gathas zoroástricos el dualismo ético más radical de la antigüedad. En Yasna 30, este reformador proclamaba con claridad inequívoca: "Dos espíritus primordiales, gemelos en oposición, se manifestaron en pensamiento, palabra y acción: el bien y el mal."

Jung percibía una ironía inconsciente de profundidad extraordinaria en esta selección. En la sesión del 9 de mayo de 1934, explicaba a sus participantes: "Nietzsche eligió precisamente al fundador del dualismo ético para proclamar una filosofía 'más allá del bien y del mal'. Esta contradicción revela el conflicto no resuelto en su psique." La influencia zoroástrica había permeado el judaísmo del Segundo Templo, introduciendo conceptos como la figura de Satán como adversario cósmico, creando así las categorías

---

[23] Profeta persa (c. 628-551 a.C.) cuya reforma religiosa estableció el dualismo ético más radical de la antigüedad. Los Gathas (himnos atribuidos al propio Zoroastro) presentan la realidad como conflicto cósmico entre Ahura Mazda (Señor Sabio) y Angra Mainyu (Espíritu Destructivo). Su influencia en el judaísmo del Segundo Templo introdujo conceptos como ángeles, demonios y juicio final que influyeron decisivamente en el cristianismo.

conceptuales que permitirían el desarrollo posterior de una demonología sistemática.

Al elegir el nombre de Zaratustra, Nietzsche evocaba inconscientemente toda la tradición del conflicto entre luz y tinieblas, estableciendo desde el inicio una tensión que su filosofía no lograría resolver. Jung interpretaba esta elección como síntoma de la fragmentación psíquica que eventualmente conduciría al colapso del filósofo alemán.

El análisis central del seminario se concentró en lo que Jung identificó como una identificación peligrosa entre Nietzsche y el arquetipo del Viejo Sabio personificado en su Zaratustra literario. En la sesión del 7 de noviembre de 1934, Jung articulaba su diagnóstico con precisión clínica: "Nietzsche confundió su identidad personal con esta figura arquetípica. En la medida en que Zaratustra es como un dios, el reverso de él es necesariamente un diablo."

Esta identificación unilateral con el aspecto luminoso del arquetipo generaba automáticamente la activación de su contrapartida sombría, manifestándose en las irrupciones de figuras amenazantes que pueblan el texto nietzscheano. Jung analizó meticulosamente el encuentro con "el espíritu de la pesadez"[24] en "De la visión y el enigma", interpretando este enano como el complexus inferior de Nietzsche, la

---

[24] **"Espíritu de la pesadez"** Figura que aparece en "De la visión y el enigma" (Zaratustra III). Representa el nihilismo y la melancolía que Nietzsche asociaba con la décadence europea. Jung lo interpretó como complexus inferior de Nietzsche: la depresión y duda que minaban su identificación heroica con Zaratustra. La imagen del enano que susurra "¡Todo es igual! ¡Todo es vano!" encarna la voz interior que socava toda afirmación vital.

tendencia depresiva que el filósofo rechazaba conscientemente pero que persistía activa en los estratos inconscientes de su psique.

El simbolismo de los animales que acompañan a Zaratustra revelaba, según Jung, esta misma escisión no resuelta. En la sesión del 21 de noviembre de 1934, explicaba: "El águila representa el espíritu inflado, identificado con el yo consciente. La serpiente simboliza el instinto reprimido. La incapacidad de Nietzsche para reconciliar estos polos generó la tensión que eventualmente fragmentó su psique." La serpiente y el águila, eternos compañeros del profeta nietzscheano, encarnaban fuerzas psíquicas irreconciliables que Nietzsche no logró integrar en una síntesis superior.

Uno de los análisis más penetrantes del seminario se centró en el episodio del "hombre más feo", figura enigmática que confiesa haber "matado a Dios" y que Jung interpretó como proyección de la sombra nietzscheana. En la sesión del 13 de febrero de 1935, Jung diseccionaba esta escena: "Este personaje representa la culpa inconsciente de Nietzsche por su parricidio espiritual. Al proclamar la muerte de Dios, se convirtió en deicida, pero no pudo integrar esta transgresión."

El diálogo entre Zaratustra y el hombre más feo revelaba la división interna que atormentaba a Nietzsche. Zaratustra intenta consolar al asesino de Dios, pero esta consolación permanece superficial, incapaz de penetrar la culpa existencial que la transgresión había generado. Nietzsche proyectaba en esta figura repugnante la parte de sí mismo que se horrorizaba ante sus propias proclamaciones revolucionarias.

Jung observaba que el "hombre más feo" habitaba en una caverna, símbolo tradicional del inconsciente en la literatura universal. La fealdad extrema de este personaje representaba todo lo que Nietzsche consideraba inferior en sí mismo: la duda persistente, la culpa no elaborada, la dependencia emocional respecto a las figuras parentales que había destruido intelectualmente pero no psicológicamente.

La validación clínica de la interpretación junguiana llegó con el análisis de los síntomas neurológicos documentados durante el período 1888-1889, culminando en el colapso mental definitivo del filósofo. Las cartas de enero de 1889, donde Nietzsche se identificaba alternativamente como "Dioniso" o "El Crucificado", mostraban la fragmentación arquetípica que Jung había predicho a partir del análisis textual.

En la carta dirigida a Jakob Burckhardt el 6 de enero de 1889, Nietzsche escribía con delirio místico: "En el fondo soy cada nombre de la historia." Jung comentaba en la sesión del 6 de marzo de 1935: "Estas identificaciones múltiples confirman la disolución del ego bajo presión de contenidos arquetípicos. Nietzsche se había convertido en médium de fuerzas que no pudo integrar."

La alternancia entre las firmas "Dioniso" y "El Crucificado" ejemplificaba perfectamente lo que Jung denominaba enantiodromía[25], la conversión de algo en su opuesto cuando alcanza un extremo. Nietzsche oscilaba entre polos arquetípicos opuestos sin poder sintetizarlos en una unidad superior. El dios afirmativo de la vida y el dios sufriente del sacrificio se alternaban en su psique fragmentada, revelando la imposibilidad de mantener una posición unilateral ante las fuerzas fundamentales de la existencia.

A lo largo del seminario, Jung identificó lo que consideraba el error fundamental de la empresa nietzscheana. Nietzsche había diagnosticado brillantemente la crisis espiritual de su época, proclamando la superación de la moral tradicional, pero no había desarrollado herramientas psicológicas efectivas para realizar esta transformación. Había abolido a Dios y al Diablo conceptualmente sin proporcionar nuevos símbolos integradores que permitieran a la psique humana orientarse en el vacío dejado por la destrucción de los valores tradicionales.

En la sesión del 4 de mayo de 1938, Jung formulaba su juicio definitivo: "Nietzsche diagnosticó la crisis espiritual pero no desarrolló terapia. Su 'más allá del bien y del mal' era proyecto intelectual, no realización psicológica.

---

[25] **"Enantiodromía"** Término de Heráclito (fragmento DK 88) que significa "correr hacia el contrario". Designa la ley cósmica por la cual todo tiende hacia su opuesto cuando alcanza un extremo. Jung adoptó el concepto para describir compensaciones psíquicas: una actitud consciente excesivamente unilateral activa automáticamente su contrario en el inconsciente. El fenómeno se observa clínicamente en "conversiones" súbitas de personalidad.

Para lograr esta realización, habría necesitado reconocer su sombra como parte legítima, no como enemigo a superar."

La evaluación clínica final del seminario revelaba tanto la grandeza como la tragedia del caso Nietzsche. Su genio había consistido en diagnosticar la muerte de Dios como fenómeno cultural de alcance epocal, pero su tragedia personal residía en no haber sabido qué hacer con el cadáver divino que quedaba pudriéndose en su propia psique. Como Jung resumía en la sesión final del 15 de febrero de 1939: "Nietzsche fue víctima de la inflación arquetípica que describió proféticamente. Su destino advierte sobre los peligros de identificarse con contenidos numinosos sin desarrollar la función trascendente que los integre conscientemente. El diablo que creyó haber superado lo poseyó desde la sombra no reconocida."

El seminario sobre Zaratustra se convertía así en advertencia y enseñanza simultáneas: mostraba tanto las posibilidades como los peligros inherentes al encuentro con las fuerzas arquetípicas que operan más allá de la conciencia ordinaria. Nietzsche había abierto territorios inexplorados del espíritu humano, pero había perecido en la exploración por carecer de los instrumentos psicológicos necesarios para navegar con seguridad las aguas turbulentas del inconsciente colectivo.

11. Sueños, posesión y el "mal" en la práctica clínica

Durante una sesión de análisis de sueños a finales de los años veinte, un paciente excesivamente racional descartó tajantemente una interpretación onírica por considerarla "imposible". Jung aprovechó este momento para articular uno de sus principios más penetrantes sobre la naturaleza del mal psicológico: "Cuando decimos que tal cosa es completamente imposible, justamente allí es donde el diablo puede entrar". Esta observación, registrada en sus "Seminarios de Análisis de Sueños"[26] (1928-1930), revelaría la base de su comprensión clínica de lo diabólico como fenómeno compensatorio.

Las notas conservadas en los archivos del Instituto Jung de Zurich documentan esta comprensión: "El diablo es, psicológicamente hablando, aquella función que irrumpe cuando la conciencia se ha vuelto demasiado unilateral. Es el factor compensatorio que emerge desde lo inconsciente". Esta definición funcional transformaba la figura tradicionalmente temida en un mecanismo regulador de la psique, una válvula de escape necesaria ante la rigidez consciente.

---

[26] **"Seminarios de Análisis de Sueños" (1928-1930)** Serie de conferencias donde Jung desarrolló su método de interpretación onírica, distinguiéndolo del freudiano. Mientras Freud buscaba el "pensamiento latente" del sueño, Jung enfatizaba su función compensatoria y prospectiva. Los seminarios incluyen análisis detallados de sueños de pacientes, mostrando cómo figuras "diabólicas" oníricas representan aspectos vitales reprimidos que buscan integración consciente.

La práctica clínica de Jung proporcionó numerosas ilustraciones de este principio. Una paciente de clase alta que se consideraba moralmente irreprochable experimentaba sueños recurrentes donde aparecía como prostituta en los muelles, pescadera grosera en mercados populares, o participante en orgías campesinas. Estas imágenes, lejos de representar patología, constituían compensaciones necesarias de una personalidad consciente excesivamente refinada. Jung interpretó estas manifestaciones oníricas como el intento del inconsciente por restaurar el equilibrio psíquico: "La psique busca equilibrio. Cuanto más alta se eleva la torre de la perfección consciente, más profundos deben ser sus cimientos en lo inconsciente".

La técnica de imaginación activa[27] desarrollada por Jung requería que los pacientes establecieran relaciones dialógicas conscientes con las figuras que brotaban de su inconsciente. Un caso particularmente revelador involucró a una mujer que sufría visiones de un demonio alado que la acosaba sexualmente. Siguiendo las instrucciones de Jung, comenzó a dibujar repetidamente la figura y a preguntarle directamente qué deseaba. Este diálogo reveló que el "demonio" representaba su creatividad artística, sistemáticamente reprimida por una educación puritana.

---

[27] **"Imaginación activa"** Técnica desarrollada por Jung para dialogar conscientemente con contenidos del inconsciente. Se diferencia de la fantasía pasiva en que requiere participación consciente del ego sin perder contacto con las imágenes espontáneas. Jung la derivó de ejercicios de Ignacio de Loyola, pero eliminó el marco cristiano. La técnica permite "domesticar" figuras amenazantes transformándolas en aliados del desarrollo psicológico.

Cuando la paciente comenzó a pintar, las visiones terroríficas se transformaron gradualmente en inspiración creativa, demostrando cómo la confrontación consciente podía transmutar lo diabólico en fuerza regeneradora.

Jung consideraba que la tarea fundamental de la terapia consistía en ayudar al paciente a "hacerse consciente de su diablo personal". Este proceso no buscaba la eliminación del mal, sino su reconocimiento e integración consciente. Como explicaba en una conferencia de 1938: "No buscamos destruir el diablo, sino domesticarlo. Un diablo domesticado puede convertirse en el mejor de los servidores". Esta perspectiva revolucionaria transformaba la relación terapéutica tradicional, sustituyendo la lucha heroica contra las fuerzas oscuras por una negociación inteligente con ellas.

La aplicación práctica de este principio se manifestó en el tratamiento de un paciente que experimentaba impulsos violentos compulsivos. Mediante el análisis, descubrió que estos impulsos constituían expresiones distorsionadas de su asertividad natural, sistemáticamente reprimida desde la infancia. En lugar de combatir frontalmente la violencia, aprendió a canalizarla hacia actividades constructivas como el deporte competitivo y la defensa de causas justas. La energía destructiva, una vez reconocida y dirigida conscientemente, se convirtió en fuerza creativa.

Las "Conferencias ETH"[28] revelaron otro aspecto de la comprensión junguiana del mal a través del análisis de detalles aparentemente menores del relato bíblico. Jung observaba que en el Génesis, Dios declara "bueno" cada día de la Creación, excepto el segundo día, cuando separa las aguas superiores de las inferiores. Los alquimistas medievales habían notado esta omisión y la interpretaron como altamente significativa. En el segundo día se introduce la dualidad en la Creación, y estos estudiosos entendían que esta separación, este "Binarius", constituía precisamente el origen del mal en el mundo.

Jung veía en esta interpretación alquímica una intuición psicológica profunda: el mal surge como consecuencia inevitable de la diferenciación de la conciencia. Cuando la unidad primordial se fragmenta, nace la posibilidad del conflicto, y con ella, la experiencia del mal. Esta comprensión vinculaba el desarrollo de la conciencia individual con la emergencia del problema moral, sugiriendo que la experiencia del mal no es accidente sino consecuencia estructural del crecimiento psicológico.

Las conferencias y seminarios de Jung sobre el mal en la práctica clínica revelaron una aproximación pragmática centrada en métodos eficaces para manejar manifestaciones psicológicas de lo diabólico. Su observación fundamental

---

[28] **"Conferencias ETH"** Serie de conferencias dadas por Jung en la Escuela Politécnica Federal (ETH) de Zürich entre 1933-1941. Dirigidas a científicos e ingenieros, estas charlas presentaban conceptos junguianos en lenguaje menos esotérico que sus obras escritas. Las referencias al Génesis y la omisión de la bendición del segundo día provienen de estas conferencias, donde Jung exploraba convergencias entre simbolismo religioso y teorías científicas.

era que el mal se vuelve verdaderamente destructivo cuando es negado o proyectado: "Un demonio reconocido pierde la mitad de su poder. Un demonio integrado puede convertirse en aliado". Esta perspectiva transformaba la terapia de una batalla contra el mal en una negociación consciente con él, demostrando que el mal psicológico puede ser transformado en recurso creativo mediante reconocimiento consciente y responsabilidad ética.

12. Las cartas Jung-White: Debate con un teólogo sobre el mal

Cuando el dominico irlandés Victor White[29] escribió su primera carta a Carl Gustav Jung el 8 de diciembre de 1945, ninguno de los dos imaginaba que iniciaban uno de los intercambios intelectuales más intensos y reveladores sobre la naturaleza del mal en el siglo XX. Esta correspondencia de quince años representaría un choque frontal entre dos concepciones irreconciliables: la doctrina tomista del "privatio boni"[30] y la comprensión junguiana del mal como fuerza psíquica autónoma.

White, nacido en 1902, había quedado fascinado por "Tipos psicológicos" y decidió tender un puente entre la teología católica y la nueva psicología. Jung respondió el 30 de diciembre con genuino entusiasmo: "Su carta me ha causado gran alegría... Pocas veces he encontrado un

---

[29] **"Victor White (1902-1960)"** Teólogo dominico inglés especializado en psicología religiosa. Su obra principal "God and the Unconscious" (1952) intentó conciliar la psicología junguiana con la teología tomista. Su correspondencia con Jung (1945-1960) documenta el conflicto entre aproximaciones psicológicas y doctrinales al problema del mal. White murió de depresión, ironía que Jung interpretó como confirmación de la realidad de la sombra personal.

[30] **"Doctrina del privatio boni"** Enseñanza desarrollada por Agustín de Hipona basándose en el neoplatonismo, especialmente Plotino. Sostiene que el mal no tiene existencia sustancial propia sino que es privación del bien, como la oscuridad es ausencia de luz. Tomás de Aquino sistematizó esta doctrina en la "Summa Theologica" (I, q.48-49). La posición se convirtió en ortodoxia católica pero fue cuestionada por corrientes como el jansenismo que enfatizaban la realidad del mal.

teólogo que esté dispuesto a considerar seriamente los hechos psicológicos." Este inicio prometedor pronto revelaría profundas fisuras conceptuales que ninguna diplomacia intelectual podría salvar.

Durante los primeros años, ambos hombres mantuvieron un delicado equilibrio entre respeto mutuo y honestidad intelectual. White había incorporado elementos junguianos en su obra "God and the Unconscious" (1952), mientras Jung apreciaba encontrar un teólogo dispuesto a examinar los fenómenos psicológicos sin prejuicios doctrinales. Sin embargo, la publicación de "Respuesta a Job" en 1952 precipitó una crisis que expondría la incompatibilidad fundamental de sus posiciones.

En carta del 24 de noviembre de 1952, White expresó su alarma: "Me resulta imposible aceptar que Dios tenga una sombra inconsciente. Esto contradice todo lo que sabemos sobre la perfección divina." La respuesta de Jung del 5 de diciembre fue categórica: "Cuando hablo de la sombra de Dios no hago una afirmación metafísica, sino psicológica. Constato que la imagen de Dios en la psique humana incluye aspectos terribles y destructivos."

La diferencia metodológica se cristalizó en la carta fundamental del 30 de marzo de 1952, donde Jung articuló su crítica directa a la doctrina tradicional: "No veo evidencia alguna de la "privatio boni". Veo abundante mal —diablos, demonios y otros seres malignos. Los dos, el bien y el mal, están trabados en un duelo eterno por la supremacía. Si uno cree en un solo Dios, Él debe contener a ambos en sí mismo."

White intentó defender la ortodoxia tomista recurriendo a distinciones filosóficas refinadas. En carta del 20 de enero de 1953, explicó: "La doctrina del "privatio boni" no niega la realidad terrible del mal en la experiencia humana. Simplemente afirma que esta realidad no tiene fundamento último en el ser de Dios." Citaba a Maimónides para apoyar su argumento: "Todos los males son privaciones... La privación está necesariamente conectada con la materia." Recurría también a analogías clásicas, comparando el mal con la oscuridad: "Real para quien se encuentra en una cueva, pero no es una sustancia positiva sino la ausencia de luz."

En carta del 15 de marzo de 1953, White desarrolló la distinción tomista entre experiencia y metafísica: "Santo Tomás distingue entre el "malum" como objeto de experiencia y el "malum" como realidad metafísica. En el primer sentido, el mal es innegablemente real. En el segundo, es una privación." Esta sofisticación teológica no impresionó a Jung, quien reaccionó con creciente frustración ante lo que percibía como abstracciones desconectadas de la realidad empírica.

Jung respondió con ejemplos brutalmente concretos en carta del 9 de abril de 1953: "Su teología es admirable como ejercicio intelectual, pero ¿qué hace con Hitler? ¿Era Hitler una mera privación? ¿Sus campos de concentración eran simplemente ausencias de bien?" Esta confrontación directa con los horrores contemporáneos expuso la debilidad de las categorías abstractas cuando se enfrentan a la maldad histórica tangible.

La tensión personal se intensificó cuando Jung adoptó un tono más personal en carta del 10 de mayo de 1954: "Temo que no admite su propia sombra. Se aferra a una visión infantil de un Dios absolutamente bueno porque no puede soportar la idea de que la divinidad incluya aspectos terribles." Esta observación psicológica sobre el mismo White transformó el debate teológico en análisis personal, revelando hasta qué punto Jung veía la resistencia doctrinal como síntoma de represión psicológica.

Paradójicamente, Jung desarrolló un afecto genuino por su interlocutor, llamándolo "mi cuervo blanco" en carta del 25 de junio de 1954: "Es como un cuervo blanco, una rareza preciosa entre los teólogos." Esta metáfora capturaba tanto la excepcionalidad de White como su aislamiento dentro de su propia tradición.

La propuesta más radical de Jung cristalizó en su teoría de la cuaternidad divina, desarrollada en cartas de 1952-1953. En carta del 18 de diciembre de 1952, escribió: "La Trinidad representa la perfección espiritual, pero carece del elemento material y femenino. Los alquimistas intuían esto cuando hablaban de la necesidad de un cuarto elemento." Citaba el "Rosarium Philosophorum": "La Trinidad es incompleta sin el cuarto, que es el cuerpo. El tres debe convertirse en cuatro para alcanzar la totalidad."

White respondió con horror teológico en carta del 8 de enero de 1953: "Lo que propone es puro gnosticismo. El

Concilio de Letrán IV (1215)[31] condenó explícitamente toda cuaternidad en Dios." En carta del 22 de febrero de 1953, White explicó las implicaciones destructivas de la propuesta junguiana: "Su cuaternidad destruye el concepto mismo de Dios. Si Dios necesita incluir el mal para ser completo, entonces no es el "summum bonum" sino un compuesto de bien y mal."

La dimensión práctica del debate se reveló cuando ambos hombres intercambiaron experiencias clínicas y pastorales. Jung relataba casos de pacientes con manifestaciones demoníacas en carta del 3 de julio de 1954: "Tengo una paciente que experimenta visiones de una figura diabólica que la acosa sexualmente. Para ella, este 'demonio' es absolutamente real. Puedo ayudarla solo si trato su experiencia con la seriedad que merece."

White replicó con casos de exorcismos en carta del 20 de julio de 1954: "He presenciado exorcismos donde la oración y los sacramentos han liberado a personas de influencias claramente malignas. Esto sugiere que el mal no es simplemente una proyección psíquica." Jung concedió pragmáticamente en carta del 15 de agosto de 1954: "No niego la eficacia de los exorcismos. Simplemente observo

---

[31] **"Concilio de Letrán IV (1215)"** Concilio ecuménico convocado por Inocencio III que definió doctrinas fundamentales del catolicismo, incluyendo la transubstanciación y la confesión anual obligatoria. Su primera constitución "Firmiter credimus" estableció el monoteísmo estricto: "Firmemente creemos y simplemente confesamos que uno solo es el verdadero Dios... principio sin principio." Esta formulación excluyó explícitamente cualquier dualismo que atribuyera sustancialidad al mal.

que su diablo ontológico y mi diablo psicológico son funcionalmente idénticos en la práctica clínica."

White aportó también su experiencia pastoral directa en carta del 12 de septiembre de 1954: "En el confesionario he visto el mal en formas que su psicología no puede explicar. He visto maldad pura, odio gratuito, crueldad que no sirve a ningún propósito psicológico." Jung respondió manteniendo su marco interpretativo: "También yo he visto maldad aparentemente gratuita, pero siempre he encontrado raíces psicológicas: traumas no elaborados, sombras proyectadas, complejos autónomos."

A pesar de sus diferencias fundamentales, ambos pensadores convergían en puntos importantes. En carta del 30 de noviembre de 1954, Jung escribió: "Coincidimos al menos en esto: el mal no puede ser trivializado ni ignorado." White había llegado a apreciar el enfoque junguiano hasta cierto punto, escribiendo en carta del 18 de enero de 1955: "He llegado a apreciar que no niega la realidad del mal, sino que insiste en su localización psicológica más que metafísica."

Sin embargo, la publicación de las "Conferencias sobre alquimia" de Jung precipitó la ruptura final. En carta del 15 de marzo de 1956, White declaró: "No puedo continuar este diálogo si persiste en atacar los fundamentos mismos de la fe cristiana." Jung respondió con tristeza el 5 de abril de 1956: "Lamento que interprete mi trabajo como hostil al cristianismo. Al contrario, busco renovarlo liberándolo de dogmas que ya no hablan al alma moderna."

La muerte de Victor White el 22 de mayo de 1960, tras una lucha prolongada contra la depresión, añadió una dimensión trágica personal al debate. Jung escribió a John Trinick el 10 de junio de 1960: "La muerte de White me ha afectado profundamente. Era un hombre noble que luchaba valientemente con su propia oscuridad." Jung observó la ironía amarga de que White, defensor teológico de la inexistencia sustantiva del mal, hubiera luchado personalmente con su propia "sombra" depresiva: "White vivió en su propia carne la realidad de lo que teológicamente negaba."

En su última carta a White, del 31 de diciembre de 1959, Jung ofreció una reflexión final sobre la naturaleza irreductible del "mysterium iniquitatis": "Hemos luchado como Jacob con el ángel, pero el misterio permanece. Quizás sea suficiente haber luchado honestamente, sin pretender una victoria definitiva sobre lo que trasciende." Este intercambio epistolar estableció que la tensión entre la "privatio boni" tomista y la realidad psicológica del mal refleja el desafío permanente de articular el problema del mal sin trivializarlo ni absolutizarlo. La correspondencia permanece como referencia fundamental para todo diálogo serio entre psicología y teología sobre la naturaleza del Diablo y el mal.

13. El Diablo en la Biblia

Una transformación textual aparentemente menor revela uno de los fenómenos psicológicos más profundos documentados en la literatura sagrada. Cuando comparamos 2 Samuel 24:1, donde "la ira de Yahvé se encendió contra Israel, e incitó a David", con 1 Crónicas 21:1, que declara que "Satán se levantó contra Israel e incitó a David", presenciamos lo que Jung reconoció como un proceso crucial de proyección histórica. Esta modificación textual muestra cómo la psique colectiva israelita proyectó gradualmente fuera de Dios aquello que no podía tolerar en Él. Pero lo proyectado no desaparece; adquiere autonomía.

Al externalizar su sombra en Satán, Yahvé se purifica aparentemente, pero al costo de crear un adversario independiente que eventualmente desafiará su autoridad absoluta. Esta evolución prefiguraba el dualismo posterior que caracterizaría la demonología judía y cristiana, estableciendo un patrón de disociación que Jung consideraba psicológicamente problemático.

Durante el período intertestamentario, una rica literatura apocalíptica desarrolló estas intuiciones iniciales hasta crear complejas demonologías que reflejan las dinámicas más profundas de la psique humana. El "Libro etíope de Enoc" proporcionaba a Jung una etiología mítica del mal cósmico particularmente reveladora. En los capítulos 6-11, doscientos ángeles liderados por Shemihaza y Azazel descienden del cielo para unirse con las "hijas de los hombres." Jung interpretaba esta narrativa como símbolo de la irrupción de contenidos inconscientes en la conciencia colectiva.

Azazel, quien enseña a los humanos la metalurgia bélica y los cosméticos, representaba para Jung el arquetipo del conocimiento prohibido que amplía la conciencia pero destruye la inocencia. En una carta a Victor White del 9 de abril de 1952, escribía: "Azazel personifica la ambivalencia del progreso: cada avance técnico trae consigo nuevas posibilidades destructivas." El castigo de estos ángeles — su encadenamiento "hasta el día del juicio final"— anticipaba el tema apocalíptico de la contención temporal del mal. Jung veía aquí el reconocimiento de que el mal no puede ser eliminado, solo contenido hasta su próxima manifestación cíclica.

El "Libro eslavo de Enoc" expandía la cosmología angelical con descripciones detalladas de los diversos cielos, y Jung encontraba particularmente significativo que en el segundo cielo habitaran "los ángeles prisioneros," suspendidos entre lo celestial y lo terrenal. Esta geografía mítica, escribía en "Aion", refleja la estructura de la psique, donde los complejos autónomos ocupan una zona intermedia entre la conciencia y el inconsciente profundo.

Los "Testamentos de los Doce Patriarcas" presentaban un dualismo donde cada individuo debía elegir entre el "ángel de la luz" y "Beliar."[32] El "Testamento de

---

[32] **"Belial/Beliar"** Término hebreo (בליעל) que significa "sin valor" o "destructivo". En textos tardíos se personifica como príncipe de demonios. Los LXX (Septuaginta griega) tradujeron belial como "sin ley"

Aser" (1:3-6) describía esta división: "Dios dio dos vías a los hijos de los hombres... Todo está dividido en dos: una parte según Dios y otra según Beliar." Jung interpretaba esta estructura como precursora de su concepto de la tensión yo-sombra: "Los Testamentos reconocen que la psique humana está constitucionalmente dividida y que la integridad requiere la confrontación consciente con ambas fuerzas."

Los manuscritos de Qumrán[33] revelaron una comunidad obsesionada con el conflicto entre "Hijos de la Luz" y "Hijos de las Tinieblas." La "Regla de la Guerra" describía la batalla final liderada respectivamente por el Príncipe de la Luz y Belial. Jung veía en estos textos una manifestación extrema de proyección colectiva. En sus "Conferencias ETH" (1957), comentaba: "Los esenios representan el peligro de una comunidad que se identifica totalmente con la luz. Su dualismo absoluto es síntoma de una sombra no integrada que se proyecta masivamente en el enemigo externo."

Belial, según el "Documento de Damasco", funcionaba como tentador mediante "tres redes": fornicación, riqueza y profanación del templo. Jung interpretaba estas tentaciones como proyecciones de

---

(anomos), conectándolo con el concepto paulino del "hombre de la iniquidad" (2 Tes 2:3). En Qumrán, Belial lidera las fuerzas del mal en la guerra cósmica final.

[33] **"Manuscritos de Qumrán"** Descubiertos entre 1947-1956 en cuevas cerca del Mar Muerto, contienen los textos bíblicos más antiguos conocidos y literatura sectaria de la comunidad esenia. La "Regla de la Guerra" describe la batalla escatológica entre "Hijos de la Luz" (la comunidad) y "Hijos de las Tinieblas" (gentiles y judíos impuros). Su dualismo radical contrasta con la literatura rabínica posterior, más matizada en su aproximación al mal.

impulsos naturales reprimidos por una conciencia ascética demasiado rígida. Cuando Flavio Josefo, en "Antigüedades judías" (VIII, 45-49), describía cómo los demonios eran "espíritus de los malvados que entran en los vivos," Jung encontraba aquí una comprensión más psicológica: "Josefo intuye que los 'demonios' son complejos autónomos de personas fallecidas que continúan actuando en los vivos a través de la herencia psíquica."

La figura de Lucifer, derivada de Isaías 14:12-15, fascinaba a Jung como símbolo de la conciencia que se separa de su fuente inconsciente. El "hêlel ben šāḥar" hebreo ("brillante, hijo de la aurora") se había transformado en la tradición cristiana en el ángel caído por excelencia. Jung veía aquí el arquetipo del genio caído: la misma luz de la conciencia que libera de la inconsciencia primitiva puede convertirse en prisión si se absolutiza. El portador de luz se convierte en príncipe de tinieblas cuando niega su dependencia de la fuente que lo engendró.

La tradición rabínica desarrolló una perspectiva más matizada de estas figuras diabólicas. El tratado "Sanhedrin" del Talmud babilónico desarrollaba una angelología donde Satán cumplía funciones específicas. En "Sanhedrin" 89b, se le describe como quien "incita abajo, acusa arriba, y baja para tomar la vida." Jung encontraba aquí una comprensión más madura que el dualismo primitivo: Satán es un empleado de Dios que cumple tareas desagradables pero necesarias.

Rashi (1040-1105) interpretaba Job 1:6 observando: "Satán vino con los hijos de Dios porque donde hay alegría, allí viene también el mal para acusar." Jung admiraba esta anticipación de la ley de compensación psíquica: el mal acompaña siempre al bien como su sombra natural.

La evolución de las figuras diabólicas desde el Satán subordinado de Job hasta las elaboradas demonologías intertestamentarias[34] trazaba para Jung la historia psicológica de la humanidad en su lucha por integrar el mal. La literatura bíblica y paracanónica conservaba su poder transformador cuando se comprendía como expresiones perennes de la estructura arquetípica del alma humana. El Diablo bíblico se revelaba así como el hermano oscuro de Cristo, igualmente necesario para mantener la tensión moral que impulsa el desarrollo de la conciencia. Su función consistía en recordar que no hay totalidad psíquica sin imperfección, ni individuación auténtica sin confrontación con la sombra.

---

[34] **"Literatura intertestamentaria"** Corpus de textos judíos compuestos entre el siglo III a.C. y I d.C., no incluidos en el canon bíblico. Incluye obras apocalípticas (1 Enoc, 4 Esdras), testamentos (Testamentos de los Doce Patriarcas) y literatura sapiencial (Eclesiástico, Sabiduría). Estos textos desarrollaron extensamente la demonología y angelología que influiría en el Nuevo Testamento, llenando vacíos teológicos del Antiguo Testamento.

14. El Demiurgo y la sabiduría de la Serpiente

Cuando Jung se aventuró en los laberintos de los textos gnósticos, trabajaba con materiales fragmentarios y dispersos que apenas revelaban la riqueza de una tradición casi borrada por la ortodoxia cristiana. Su comprensión se construyó sobre fuentes limitadas disponibles antes del espectacular descubrimiento de Nag Hammadi[35] en 1945, dependiendo principalmente de manuscritos coptos del siglo XVIII-XIX, fragmentos preservados por los Padres de la Iglesia, y las refutaciones heresiológicas patrísticas que, paradójicamente, conservaron lo que pretendían destruir.

El "Pistis Sophia"[36], manuscrito copto adquirido por el British Museum en 1785 como Códice Askew, se convirtió en la fuente gnóstica más extensa para Jung. Carl Schmidt había publicado una traducción alemana en 1905, que Jung estudió intensivamente hasta encontrar en las lamentaciones de Sophia un modelo del alma fragmentada.

---

[35] **"Descubrimiento de Nag Hammadi (1945)"** Biblioteca gnóstica descubierta por campesinos en el Alto Egipto, conteniendo 52 tratados en 13 códices coptos del siglo IV d.C. Incluye evangelios gnósticos (Tomás, Felipe, María), apocalipsis (Pablo, Santiago) y tratados especulativos (Apócrifo de Juan, Origen del Mundo). El descubrimiento revolucionó el estudio del gnosticismo, revelando la diversidad del cristianismo primitivo.

[36] **"Pistis Sophia"** Texto gnóstico copto del siglo III-IV d.C. que narra las enseñanzas de Jesús resucitado a sus discípulos durante once años. Pistis Sophia (Fe-Sabiduría) es un eón femenino que cae de la luz por soberbia y debe ser redimida. Sus trece arrepentimientos corresponden a etapas de purificación. El texto influyó en movimientos esotéricos modernos pero Jung lo interpretó como descripción del proceso de individuación.

"Salvadme de esta oscuridad para que no sea tragada por ella... He transgredido porque he creído en la luz de la triple potencia", clamaba la figura mítica. Para Jung, Sophia representaba el alma que había caído en la inflación al confundir luces parciales con la totalidad, y sus trece arrepentimientos correspondían a las etapas necesarias para la reintegración psíquica.

Los "Libros de Ieú" del Códice Bruce describían rituales de ascensión a través de esferas cósmicas, cada una custodiada por arcontes que exigían contraseñas específicas. Jung interpretaba estos relatos como mapas simbólicos del proceso de individuación donde cada nivel requiere el reconocimiento y denominación de complejos autónomos específicos. La geografía espiritual gnóstica se transformaba así en cartografía de la psique profunda.

Clemente de Alejandría (150-215 d.C.) había preservado fragmentos del maestro valentiniano Teodoto en sus "Excerpta ex Theodoto", describiendo la pneumatología valentiniana y la doctrina de las tres naturalezas: hílica (material), psíquica (anímica) y pneumática (espiritual). Teodoto escribía que la naturaleza pneumática no necesitaba educación, mientras la psíquica tenía libre albedrío e inclinación hacia ambos lados, y la hílica perecía completamente. Jung traducía estas categorías a términos psicológicos: los pneumáticos correspondían a individuos que habían alcanzado la conexión con el Sí-mismo, los psíquicos a quienes estaban en proceso de individuación, y los hílicos a quienes permanecían dominados por impulsos inconscientes.

Valentín de Alejandría (c. 100-160 d.C.)[37] había desarrollado el sistema gnóstico más elaborado de su época, centrado en treinta eones que emanaban por pares del Pleroma. Su discípulo Ptolomeo explicaba en la "Carta a Flora" que la Ley mosaica provenía del "Demiurgo, que está en el medio entre el Dios supremo y el diablo." Jung encontraba en esta jerarquía una descripción de niveles psíquicos donde el Pleroma valentiniano cartografiaba la estructura del inconsciente colectivo, los eones funcionaban como arquetipos en sus pares complementarios, y el Demiurgo simbolizaba el ego que había perdido contacto con su fuente transpersonal.

Según el mito central valentiniano, Sophia, último eón femenino, deseando conocer al Padre sin su consorte, generaba una "obra deforme" —el Demiurgo Yaldabaoth. Jung interpretaba esta figura como representación de la función intuitiva que, separada de su contrapartida racional, produce contenidos psíquicos distorsionados, ilustrando el peligro de la intuición no balanceada por el pensamiento.

Marción de Sínope (85-160 d.C.) había establecido la oposición más extrema entre el "Dios extraño" revelado por Cristo y el Demiurgo cruel del Antiguo Testamento, compilando en su "Antítesis" pasajes que mostraban las contradicciones morales de Yahvé. Jung admiraba la

---

[37] **"Valentín de Alejandría"** (c. 100-160 d.C.) Maestro gnóstico que desarrolló el sistema más elaborado del gnosticismo cristiano. Su cosmología incluía 30 eones (15 pares) emanando del Pleroma. La caída de Sophia, último eón femenino, genera el mundo material gobernado por el Demiurgo Yaldabaoth. El sistema valentiniano influenció profundamente el neoplatonismo y la cábala posterior.

audacia psicológica de Marción pero criticaba su solución, reconociendo que había sido el primero en identificar sistemáticamente la sombra de Yahvé, aunque su error fue establecer una escisión absoluta sin comprender que la totalidad divina debe incluir ambos aspectos.

Los textos setianos, como las "Tres Estelas de Seth", presentaban a Seth como portador de la "semilla incorruptible" y redentor que desciende al mundo material para liberar las chispas divinas aprisionadas. Jung veía en Seth el arquetipo del "tertium quid" que surge cuando los opuestos se han polarizado destructivamente, representando la función transcendente que supera la dualidad Caín-Abel (instinto-espíritu) mediante una síntesis superior.

Ireneo de Lyon (130-202 d.C.) proporcionó las descripciones más detalladas de sistemas gnósticos en su "Adversus haereses", especialmente del valentinianismo y ofitismo. Sobre los ofitas, Ireneo escribía que veneraban a la serpiente porque les enseñó la gnosis, mostrándoles la diferencia entre el bien y el mal, por lo cual fue maldecida por el Demiurgo. Jung comentaba que Ireneo preservaba involuntariamente una verdad psicológica: la serpiente representaba el instinto que porta sabiduría inconsciente, demonizado por una conciencia que temía su base instintiva.

Hipólito de Roma (170-235 d.C.) documentó en su "Refutatio omnium haeresium" prácticas rituales de sectas como los naasenos, quienes identificaban la serpiente ("naas") con principios regenerativos. Citaba himnos naasenos proclamando que "del caos salió la serpiente, madre de todas las cosas." Jung encontraba aquí anticipación de sus conceptos, reconociendo que los naasenos comprendían que la serpiente primordial simbolizaba la energía vital indiferenciada que debía ser integrada para acceder a la totalidad, no como símbolo del mal sino de la libido en su forma más primitiva.

Epifanio de Salamina (315-403 d.C.) describía en su "Panarion" rituales ofitas donde veneraban a una serpiente viva, besándola y llamándola Cristo. Jung interpretaba estos rituales como técnicas simbólicas de integración de la sombra: al venerar la serpiente como Cristo, realizaban la unión de opuestos que la ortodoxia había escindido.

El "Apócrifo de Juan" presentaba al Demiurgo Yaldabaoth como producto de la caída de Sophia, cuya proclamación "Yo soy Dios y no hay otro fuera de mí" revelaba su ignorancia de realidades superiores. Jung interpretaba a Yaldabaoth como encarnación del ego inflado que había perdido contacto con su fuente, cuyo "pecado" no era moral sino epistemológico: la ignorancia de su propia relatividad. Representaba el arquetipo de toda conciencia que se absolutiza.

La creación imperfecta de Yaldabaoth simbolizaba los productos defectuosos de una conciencia separada del inconsciente: neurosis, proyecciones y distorsiones que aparecen cuando el ego actúa sin referencia al Sí-mismo. Los textos describían cómo Yaldabaoth generaba siete arcontes planetarios, cada uno asociado con pasiones específicas. El "Origen del Mundo" los nombraba: Athoth (envidia), Eloaios (ira), Astaphaios (ignorancia), Yao (lujuria), Sabaoth (injusticia), Adonin (cólera) y Sabbataios (soberbia). Jung veía aquí una descripción precisa de complejos autónomos que dominan la psique cuando el yo pierde su función orientadora, correspondiendo a contenidos inconscientes que se autonomizan y poseen al individuo.

Los ofitas desarrollaron una interpretación radical del Edén, presentando a la serpiente como emisario del Dios supremo que enseñó a Adán y Eva la diferencia entre bien y mal, liberándolos de la ignorancia impuesta por el Demiurgo celoso. Jung encontraba aquí una comprensión profunda de la función psicológica del "tentador": la serpiente representaba el instinto que desafía prohibiciones de una conciencia rígida, no como agente del mal sino como portadora de sabiduría que amplía horizontes conscientes.

Jung no estudiaba el gnosticismo como curiosidad histórica sino como antecedente de su psicología analítica. En sus seminarios explicaba que los gnósticos fueron los primeros psicólogos profundos, cuyos mitos describían con precisión las dinámicas que observaba clínicamente. Esta "gnosis moderna" implicaba traducir cosmologías antiguas a términos psicológicos: donde gnósticos veían eones cósmicos, Jung observaba arquetipos; donde describían caída de Sophia, documentaba fragmentación psíquica; donde narraban ascenso celestial, registraba proceso de individuación.

El Demiurgo gnóstico se revelaba como metáfora del ego inflado, mientras la serpiente ofita funcionaba como símbolo de sabiduría instintiva, proporcionando a Jung fundamentos históricos para su visión de que el mal no constituye accidente sino componente estructural que reclama integración consciente.

15. La tradición alquímica y hermética

Cuando el Renacimiento rescató los antiguos textos herméticos del olvido medieval, no solo recuperó conocimientos filosóficos perdidos, sino que redescubrió una sabiduría ancestral sobre la naturaleza dual de lo divino. Los eruditos de esta época, especialmente aquellos que se adentraron en las tradiciones alquímicas, desarrollaron una comprensión sofisticada del mal que escapaba tanto a la demonización cristiana como a la negación racionalista. Carl Gustav Jung encontraría en estos textos una confirmación histórica de sus intuiciones más profundas sobre la función psicológica del Diablo.

Ludovico Lazzarelli (1447-1500)[38] ejemplifica esta nueva sensibilidad hermética en su "Crater Hermetis", donde desarrolló una hermenéutica revolucionaria del adversario divino. Para Lazzarelli, Typhon, el tradicional enemigo de Osiris en la mitología egipcia, no representaba una fuerza que debía ser aniquilada, sino transformada. "Typhon no debe ser aniquilado sino transformado, pues de su conversión surge la regeneración espiritual", escribía el erudito italiano. "Es la fuerza que opone resistencia para que la virtud se manifieste." Jung reconocía en esta formulación

---

[38] **"Ludovico Lazzarelli (1447-1500)"** Humanista italiano que intentó reconciliar hermetismo, cristianismo y filosofía antigua. Su "Crater Hermetis" desarrolló una hermenéutica que interpretaba mitos paganos como alegorías cristianas. Su enfoque influyó en la escuela hermética florentina y anticipó métodos de sincretismo religioso que Jung aplicaría a materiales psicológicos.

una anticipación de su propia comprensión: "Lazzarelli comprendió que el adversario hermético cumple función dialéctica necesaria. Su resistencia no es obstáculo sino estímulo para la transformación."

Francesco Giorgi (1466-1540)[39] llevó esta intuición un paso más allá en su monumental "De harmonia mundi" (1525), donde integró el hermetismo con la tradición cabalística para crear un sistema cosmológico que asignaba a las fuerzas diabólicas un lugar específico en la armonía universal. "El dragón de las tinieblas yace bajo los pies de la Sabiduría, no como vencido, sino como fundamento", observaba Giorgi. "La sombra define la luz." Jung utilizaba frecuentemente esta cita para demostrar que la tradición hermética había reconocido mucho antes que él "la función estructural del mal: no accidente cosmológico sino contrapartida necesaria que permite la manifestación de lo divino."

La tradición alquímica alemana desarrolló estas intuiciones herméticas en direcciones particularmente ricas para la comprensión junguiana. Salomon Trismosin (fl. 1520) creó en su "Splendor solis" (1532-1535) una serie de acuarelas que Jung consideraba "mapas visuales del proceso de individuación." La quinta lámina presenta una imagen especialmente reveladora: un dragón negro devorando su

---

[39] **"Francesco Giorgi (1466-1540)"** Franciscano veneciano que escribió "De harmonia mundi" (1525), síntesis monumental de hermetismo, cábala y filosofía cristiana. Su teoría de correspondencias universales influyó en arquitectos renacentistas como Palladio. Jung encontraba en Giorgi un precedente de su propia búsqueda de armonía entre opuestos psicológicos.

propia cola mientras un águila dorada vuela sobre él. Trismosin anotaba: "El dragón de las tinieblas devora continuamente su propia sustancia, pero de esta autodestrucción nace el águila del espíritu. El adepto debe contemplar sin intervenir."

Jung veía en esta imagen del dragón ouobórico una representación perfecta de la sombra que se transforma por sí misma cuando es conscientemente observada. "No requiere combate heroico sino observación que permite su autotransformación", comentaba. Esta perspectiva transformaba radicalmente la relación con lo diabólico: de enemigo a combatir se convertía en proceso a contemplar.

Heinrich Cornelius Agrippa (1486-1535) desarrolló en "De occulta philosophia" (1533) un sistema de correspondencias que vinculaba metales específicos con entidades demoníacas particulares. "El plomo corresponde a Saturno y a los demonios de la melancolía", escribía Agrippa. "El hierro a Marte y a los espíritus de la guerra." Pero en "De vanitate scientiarum" (1530), Agrippa revelaba la naturaleza ambivalente de estos "demonios metalúrgicos": "Los metales contienen espíritus que pueden engañar al artífice. El plomo saturnino especialmente alberga demonios que inducen desesperación, pero dominados correctamente revelan secretos de transformación."

Jung encontraba en este sistema agripiano "una psicología proyectiva donde los 'demonios' de los metales representan complejos autónomos que se activan durante el trabajo alquímico." La demonología metalúrgica de Agrippa anticipaba la comprensión junguiana de cómo ciertos materiales o situaciones pueden constelizar contenidos inconscientes específicos.

Johannes Grasseus llevó esta comprensión a su expresión más dramática en "Arca arcani" (1599), donde describía el proceso alquímico como una serie de exorcismos rituales. "El Diablo, en forma de serpiente negra de siete cabezas, debe ser decapitado con la espada de Salomón", narraba Grasseus. "Su sangre negra se recoge en el cáliz de Hermes, donde se transforma en licor de vida eterna." Jung reconocía en esta descripción aparentemente literal una representación simbólica precisa: "Grasseus describe literalmente lo que observo en análisis: contenidos psíquicos amenazadores que, confrontados con la 'espada' de la conciencia discriminadora, liberan energía transformadora."

La iconografía alquímica desarrolló representaciones específicas del principio diabólico que Jung analizó con especial atención. El "Mutus Liber" (1677), ese misterioso "libro mudo" de imágenes alquímicas, presenta en su lámina XI una escena particularmente reveladora: un demonio alado vierte líquido oscuro desde una retorta sobre un athanor, mientras dos figuras humanas observan cautelosamente desde la distancia. Jung interpretaba esta imagen como representación "del demonio de la inflación psíquica que amenaza la obra. El líquido oscuro son proyecciones inconscientes que 'contaminan' el proceso cuando el adepto se identifica con los poderes que manipula."

Michael Maier (1568-1622) creó en "Atalanta fugiens" (1617) una obra única que combinaba emblemas visuales con fugas musicales correspondientes. El emblema XXI muestra un hombre cabalgando un toro negro hacia las profundidades, guiado por una figura cornuda portando antorchas. Maier explicaba: "El toro negro es la prima materia en su aspecto saturnino. El jinete debe descender con él a las regiones infernales, guiado por el psicopompo de las tinieblas." La fuga musical correspondiente utiliza un "cantus firmus" descendente que Jung interpretaba como "la voz del diablo interior que llama al descenso necesario."

Las gemas abráxas de los siglos II-IV d.C., que combinaban elementos gnósticos y herméticos, proporcionaron a Jung ejemplos particularmente claros de la síntesis divino-diabólica. Una gema conservada en el British Museum muestra una figura con cabeza de gallo, cuerpo humano y serpientes por piernas, pisando un demonio tricéfalo. Jung escribía: "La gema abráxas sintetiza la totalidad divino-diabólica. La figura superior no vence al demonio sino que lo integra como fundamento. Es la representación más clara del "coincidentia oppositorum"."

Heinrich Khunrath (1560-1605)[40] creó en "Amphitheatrum sapientiae aeternae" (1595) una imagen que se volvería icónica para Jung: el grabado del laboratorio-oratorio donde un diablo cornudo monta

---

[40] **"Heinrich Khunrath (1560-1605)"** Médico y alquimista alemán autor de "Amphitheatrum sapientiae aeternae" (1595). Sus grabados emblemáticos, especialmente el del laboratorio-oratorio custodiado por un demonio, influenciaron profundamente la interpretación junguiana de la alquimia como proceso psicológico. Khunrath combinaba cristianismo luterano con hermetismo, prefigurando síntesis similares en Jung.

guardia en la entrada con una antorcha encendida. Khunrath explicaba: "El diablo guardián no debe ser expulsado sino reconocido como custodio de los misterios. Su antorcha ilumina el camino, pero solo para quien ha aprendido a no temerle." Jung veía aquí "una representación perfecta de la sombra como guardián del umbral que desafía al adepto a confrontar sus motivaciones antes de acceder a los misterios."

"Las Bodas Químicas de Christian Rosenkreutz" (1616) narra una ceremonia particularmente significativa: la decapitación ritual de un "rey negro" y una "reina mora" cuyos cuerpos son posteriormente resucitados en forma purificada. "Los esposos negros fueron conducidos al patíbulo donde sus cabezas cayeron bajo el hacha", describe el texto. "Pero sus cuerpos fueron colocados en ataúdes de cristal hasta su gloriosa resurrección." Jung interpretaba este episodio como representación simbólica de "aspectos sombríos que deben sufrir muerte simbólica para renacer transformados. No eliminación del mal sino transmutación mediante sacrificio consciente."

Los alquimistas expresaban esta paradoja fundamental mediante la máxima "In stercore invenitur" (en el estiércol se encuentra), que resumía su convicción de que los materiales más despreciados contenían las semillas de la transformación más elevada. Jung relacionaba este principio directamente con su práctica clínica: "El axioma del tesoro oculto en lo vil corresponde a lo que observo clínicamente: los síntomas más perturbadores contienen frecuentemente las claves de la transformación."

Particularmente revelador resultaba el modo en que los tratados alquímicos se referían a la prima materia como "nuestro dragón", estableciendo una relación personal e íntima entre el adepto y la sustancia caótica inicial. El "Rosarium philosophorum" declaraba crípitcamente: "Nuestro dragón no muere sino cuando es matado junto con su hermano y hermana." Jung veía en esta personalización "el reconocimiento de que el 'dragón' alquímico es contenido psíquico proyectado. Al llamarlo 'nuestro', los alquimistas admitían inconscientemente que trabajaban con fuerzas internas personificadas en la materia."

Philippus Aureolus Paracelsus (1493-1541) llevó esta comprensión a su expresión más explícita en "Liber Paramirum", donde advertía: "En cada metal habita un espíritu que puede engañar al artista ignorante. En el antimonio mora un demonio especialmente astuto que promete tesoros pero conduce a la ruina si no se lo conoce." Jung encontraba en Paracelso "la comprensión de que los 'demonios' de la materia son proyecciones de contenidos psíquicos activados durante el trabajo experimental."

La tradición alquímica y hermética proporcionó a Jung un vocabulario simbólico completo para describir el proceso de confrontación e integración de la sombra. Los demonios, dragones y figuras diabólicas de estos textos no representaban entidades literales sino "proyecciones de contenidos psíquicos autónomos que reclaman reconocimiento e integración." El diablo alquímico se revelaba como maestro disfrazado cuyas lecciones, aunque incómodas, resultaban indispensables para el "opus" de la transformación interior.

16. Jung y Nietzsche: Más allá del bien y del mal

El siglo XIX presenció una de las confrontaciones intelectuales más profundas sobre la naturaleza del mal cuando Friedrich Nietzsche proclamó la "muerte de Dios" y Carl Gustav Jung respondió con una psicología que integraba precisamente aquello que el filósofo alemán buscaba superar. Este encuentro intelectual entre dos gigantes del pensamiento moderno reveló tensiones fundamentales sobre cómo la humanidad debía relacionarse con las fuerzas diabólicas que el cristianismo había demonizado durante siglos.

Cuando las ideas nietzscheanas comenzaron a circular por los círculos intelectuales europeos durante las últimas décadas del siglo XIX, portaban una reinterpretación radical del mal que desafiaría las concepciones tradicionales hasta sus cimientos. Georg Brandes[41], influyente crítico danés, presentó a Nietzsche en sus conferencias de Copenhague de 1888 como el filósofo que osaba cuestionar los fundamentos morales occidentales. En correspondencia del 2 de diciembre de 1887, Nietzsche escribía a Brandes: "Usted es el primero que me ha entendido... la cuestión del valor de la existencia y especialmente del mal."

---

[41] **"Georg Brandes (1842-1927)"** Crítico literario danés que introdujo a Nietzsche en los círculos intelectuales nórdicos. Sus conferencias de 1888 en Copenhague sobre "Radicalismo aristocrático alemán" fueron las primeras en presentar sistemáticamente la filosofía nietzscheana. Brandes enfatizó la dimensión psicológica del pensamiento de Nietzsche, anticipando interpretaciones posteriores como la de Jung.

Brandes comprendió inmediatamente que la filosofía nietzscheana no se limitaba a negar el cristianismo, sino que proponía una transvaloración[42] donde el "mal" tradicional podía revelarse como afirmación vital. Durante sus conferencias explicaba: "Nietzsche no predica la inmoralidad, sino una nueva tabla de valores donde lo que llamamos malo puede ser expresión de salud y vigor." Esta perspectiva revolucionaria encontraba eco en figuras como Malwida von Meysenbug, la notable feminista alemana que había frecuentado el círculo romano de Nietzsche. Von Meysenbug articulaba en sus "Memorias de una idealista" que aquello que el cristianismo denominaba "diabólico" en la mujer —su independencia, sensualidad y poder creativo— podía reinterpretarse como manifestación de una fuerza vital legítima: "Lo que los moralistas llaman tentación diabólica es frecuentemente el llamado de la naturaleza auténtica."

La estrategia nietzscheana para confrontar el problema del Diablo operaba mediante un análisis genealógico que buscaba revelar los orígenes humanos, demasiado humanos, de la distinción entre bien y mal, y por tanto de la figura que personifica el mal absoluto. Para Nietzsche, el Diablo cristiano representaba la proyección del resentimiento de los "esclavos" morales contra los

---

[42] **"Transvaloración de todos los valores"** Proyecto central de la filosofía tardía de Nietzsche, especialmente en "El Anticristo" y "Ecce Homo". Consiste en revertir las evaluaciones morales cristianas, revalorizando lo que el cristianismo considera "malo" (fuerza, belleza, aristocracia) y desvalorizando lo que considera "bueno" (humildad, sacrificio, igualdad). Jung vio en este proyecto un intento de integrar la sombra colectiva occidental, pero consideró que Nietzsche carecía de métodos psicológicos adecuados.

valores aristocráticos de los "señores". Esta figura cumplía una función específica en la "moral de esclavos": permitía a los débiles demonizar la fuerza, la belleza y la vitalidad de los nobles, justificando así su propio resentimiento. La propuesta nietzscheana consistía en superar esta proyección mediante la creación de una "moral de señores" que afirmara precisamente aquellos valores que el cristianismo había satanizado.

"El Anticristo" (1888) desarrollaba esta crítica con particular virulencia: "El cristianismo ha tomado el partido de todo lo débil, bajo, mal constituido; ha hecho un ideal de la contradicción a los instintos de conservación de la vida fuerte." El Diablo cristiano se revelaba como una inversión reactiva de valores vitales que requería ser invertida nuevamente mediante la transvaloración. Para Nietzsche, la superación del mal pasaba por demostrar que las categorías morales tradicionales eran construcciones históricas contingentes, no verdades eternas.

Jung compartía con Nietzsche la convicción de que la demonología cristiana tradicional era problemática, pero divergía radicalmente en su propuesta de solución. Mientras el filósofo alemán buscaba superar la figura del Diablo mediante genealogía y transvaloración, el psiquiatra suizo proponía integrarla psicológicamente como representación de fuerzas inconscientes necesarias. Esta diferencia fundamental se manifestó en la correspondencia con Victor White del 30 de marzo de 1952, donde Jung articulaba su divergencia con la posición nietzscheana: "El error de Nietzsche fue creer que podía eliminar el problema del mal declarando que 'más allá del bien y del mal' no existe tal problema. Pero psicológicamente, el mal es tan real como el bien, y ambos requieren integración consciente."

Para Jung, el Diablo representaba aspectos de la psique que no podían ser simplemente "superados" mediante un acto de voluntad filosófica, sino que debían ser reconocidos, confrontados e integrados. La perspectiva junguiana insistía en que la negación racional del mal no eliminaba su realidad psicológica. Como escribía en "Respuesta a Job" (1952): "El mal no desaparece por declararlo inexistente... Solo puede ser transformado mediante la confrontación consciente con su realidad psicológica."

Las diferencias entre ambos pensadores se manifestaban particularmente en sus respectivas actitudes hacia la sombra personal. Nietzsche exigía una afirmación heroica que incluyera incluso los aspectos tradicionalmente considerados diabólicos, resumida en su grito de "¡Amor fati! Sea esa mi amor en adelante."[43] Jung, sin rechazar esta actitud, insistía en la necesidad previa de reconocer la sombra como tal: "Uno no puede integrar lo que no ha reconocido primero como propio." Esta secuencia temporal —reconocimiento antes que afirmación— marcaba una diferencia metodológica crucial entre ambos enfoques.

---

[43] **"Amor fati"** Concepto estoico adoptado por Nietzsche, especialmente en "Ecce Homo": "Mi fórmula para la grandeza en el hombre es amor fati: no querer nada distinto, ni hacia atrás ni hacia adelante ni en toda la eternidad." Representa la afirmación total de la existencia, incluyendo el sufrimiento. Jung distinguía entre este heroísmo nietzscheano y la integración consciente de la sombra que requiere trabajo psicológico específico.

La respuesta junguiana al desafío nietzscheano se cristalizó en una formulación alternativa que aparece en entrevistas tardías: "En lugar de decir 'Dios está más allá del bien y del mal', podemos decir 'la vida es tanto buena como mala'." Esta reformulación señalaba la diferencia fundamental entre la superación nietzscheana y la integración junguiana. Mientras Nietzsche proclamaba trascender las categorías morales mediante un acto de voluntad heroica, Jung proponía reconocer su validez psicológica permanente como expresiones de la tensión fundamental entre fuerzas conscientes e inconscientes.

Desde la perspectiva junguiana, el Diablo no constituía una ilusión a superar sino una realidad psíquica a integrar. "Mysterium Coniunctionis" (1955-56) formulaba la respuesta definitiva: "La meta no es eliminar el mal sino establecer una relación consciente con él... Solo cuando reconocemos la capacidad para el mal podemos elegir genuinamente el bien." Esta síntesis representaba un intento de "completar" el proyecto nietzscheano dotándolo de una dimensión psicológica más comprensiva.

El "superhombre" junguiano difería sustancialmente del nietzscheano: no sería el héroe que trasciende la moral tradicional mediante un salto voluntarioso, sino el individuo que integra conscientemente tanto sus potencialidades luminosas como oscuras, estableciendo así una ética post-cristiana genuinamente madura. Esta integración requería trabajo psicológico específico, no solo declaración filosófica.

Este diálogo intelectual estableció los parámetros para una comprensión post-metafísica del mal que evitaba tanto la literalidad teológica como el nihilismo destructivo. Mientras Nietzsche había demostrado la naturaleza construida de las categorías morales tradicionales, Jung proporcionó herramientas para trabajar constructivamente con las realidades psicológicas que tales categorías expresaban. El resultado fue una demonología psicológica que reconocía al Diablo no como entidad metafísica ni como mera ilusión cultural, sino como personificación arquetípica de fuerzas inconscientes que requieren integración consciente. Esta perspectiva abría posibilidades terapéuticas que trascendían tanto la culpabilización moralista como la permisividad nihilista, señalando hacia una ética de la responsabilidad psicológica que conserva relevancia para la comprensión contemporánea del mal.

17. Jung y Goethe: Fausto, Mefistófeles y la redención del alma

La célebre frase de Mefistófeles —"Soy parte de aquella fuerza que siempre quiere el mal y siempre produce el bien"— encapsulaba para Carl Gustav Jung la comprensión más profunda del problema diabólico que hubiera encontrado en la literatura occidental. Johann Wolfgang von Goethe había logrado, según Jung, una intuición psicológica que la ciencia tardaría siglos en formular: el Diablo como adversario que, paradójicamente, sirve a los propósitos últimos de la redención. Mefistófeles representaba la más sofisticada personificación literaria de esta comprensión, transformando al demonio tradicional en principio de transformación consciente.

Georg Faust (c. 1480-1540)[44] proporcionó el sustrato histórico sobre el cual se edificaría esta construcción literaria. Los registros de la Universidad de Heidelberg mencionan a un "Georgius Faustus Helmitheus" matriculado en 1509, mientras que el abad Johannes Trithemius escribía en 1507 sobre cierto "Georgius Sabellicus, qui se Faustum juniorem nominavit" —un charlatán que se hacía llamar "Fausto el Joven"—

---

[44] **"Georg Faust histórico"** Personaje documentado (c. 1480-1540) que ejerció como médico itinerante y practicante de artes ocultas en el sur de Alemania. Los registros universitarios de Heidelberg (1509) y correspondencia de humanistas como Johannes Trithemius confirman su existencia. Su reputación como charlatán y mago proporcionó la base histórica para la leyenda literaria que Marlowe y Goethe desarrollarían.

describiéndolo como "vagabundo, parlanchín y pícaro que merece ser azotado para que no enseñe públicamente lo que no debe enseñarse." Esta figura histórica documentada, médico itinerante y practicante de artes ocultas que recorrió el sur de Alemania durante el Renacimiento temprano, reveló ya la ambigüedad fundamental: simultáneamente sabio y charlatán, maestro y seductor.

Christopher Marlowe[45] adaptó esta leyenda en "The Tragical History of Doctor Faustus" (1604), introduciendo la dimensión trágica del conocimiento prohibido. Su Fausto articula la aspiración renacentista cuando exclama: "¡Oh, qué mundo de lucro y deleite, de poder, honor, omnipotencia se promete al estudiado alma!" Sin embargo, Marlowe mantenía la condena final, reflejando la moral cristiana que Goethe posteriormente revolucionaría. Jung reconoció en esta evolución literaria un proceso de cristalización arquetípica: experiencias individuales que se transforman en símbolos colectivos de validez permanente.

La autodefinición de Mefistófeles —"Der Geist, der stets verneint" (el espíritu que siempre niega)— reveló para Jung su naturaleza esencial como principio de crítica y transformación. En "Psicología y Alquimia", Jung observaba que "Mefistófeles encarna la función psíquica que cuestiona todas las identificaciones del ego con valores

---

[45] **"Christopher Marlowe (1564-1593)"** Dramaturgo inglés contemporáneo de Shakespeare, autor de "Doctor Faustus" (1604). Su versión mantenía la estructura moral medieval: Fausto se condena por su pacto diabólico. Esta perspectiva moralista contrastaba con la revolución goetheana que convirtió la historia en alegoría de desarrollo espiritual. Marlowe murió misteriosamente en una taberna, alimentando leyendas sobre su propia relación con fuerzas diabólicas.

absolutos... Su negación es el instrumento dialéctico que impide la cristalización de la conciencia en formas rígidas." Esta función crítica del diablo resonaba profundamente con la concepción socrática del "daimonion"[46] como voz interior que advierte contra el error.

Particularmente reveladora resultaba la aparición inicial de Mefistófeles como perro negro que acompaña a Fausto durante su paseo vespertino. Jung interpretó esta imagen como símbolo de la emergencia de contenidos inconscientes activados por la crisis existencial del protagonista. El perro, animal tradicionalmente asociado con la fidelidad pero también con fuerzas ctónicas, representaba la ambivalencia fundamental del principio mefistofélico. La posterior transformación del animal en erudito dentro del estudio de Fausto ilustraba la capacidad del principio diabólico para adaptarse a las formas culturales específicas de cada época.

Mefistófeles no aparece como demonio medieval con cuernos y cola, sino como intelectual escéptico que domina los códigos discursivos de la modernidad temprana. Esta adaptabilidad revelaba su carácter arquetípico: una fuerza que se manifiesta según las coordenadas culturales de cada período histórico. Goethe había comprendido

---

[46] **"Daimonion socrático"** Voz interior que, según Platón, advertía a Sócrates contra acciones incorrectas sin ordenar nunca acciones positivas. En "Apología" (31d), Sócrates describe esta experiencia como "algo divino y demoníaco" que lo acompañaba desde la infancia. La función puramente negativa del daimonion (disuadir, no ordenar) prefigura la función crítica del Mefistófeles goetheano.

intuitivamente que el mal no podía ser simplemente vencido o exorcizado, sino que debía ser dialecticamente superado.

"Ich bin der Geist, der stets verneint! Und das mit Recht; denn alles, was entsteht, ist wert, daß es zugrunde geht" (Soy el espíritu que siempre niega, y con razón, pues todo lo que nace merece perecer), proclama Mefistófeles con claridad absoluta. Jung interpretaba esta negación mefistofélica no como nihilismo destructivo, sino como principio dialéctico que impide la petrificación de formas caducas. "La función de Mefistófeles es disolver las estructuras cristalizadas de la conciencia para permitir el surgimiento de nuevas posibilidades... Es el solvente universal de la psique", escribía Jung.

La paradoja central —que Mefistófeles produce el bien al querer el mal— revelaba una verdad psicológica fundamental: las fuerzas que la conciencia moral experimenta como diabólicas frecuentemente catalizan procesos de crecimiento espiritual. En una conferencia de 1948, Jung observaba: "El demonio de Goethe demuestra que el mal puede servir involuntariamente a propósitos superiores cuando es confrontado conscientemente." Esta confrontación consciente constituía la clave de la transformación: no la huida del mal ni la identificación con él, sino el encuentro directo que permite su transmutación en fuerza creativa.

Fausto se salva no porque haya vencido a Mefistófeles, sino porque su relación con él lo ha conducido gradualmente hacia aspiraciones que trascienden el egoísmo inicial. Las palabras finales de Fausto —"En la previsión de tal felicidad, disfruto ahora del momento supremo"— expresan un ideal altruista de servicio a la humanidad futura. Jung comentaba: "Fausto se redime porque aprende a desear algo más grande que su propia satisfacción... Mefistófeles, sin saberlo, ha sido el instrumento de esta educación moral."

Los ángeles que arrebatan el alma de Fausto proclaman: "Wer immer strebend sich bemüht, den können wir erlösen" (A quien siempre se esfuerza luchando, ése podemos redimirlo). Jung interpretaba este verso como confirmación de que la salvación resulta del proceso de lucha, no de la pureza inicial: "Goethe demostró que la redención viene a través del conflicto con el mal, no por su evitación." Esta comprensión contradecía radicalmente las concepciones tradicionales que veían en la lucha contra el mal un signo de imperfección espiritual.

En una carta a Carl Kerényi del 13 de enero de 1941, Jung escribía: "Goethe se adelantó un siglo a la psicología al comprender que el diablo no es un accidente cósmico que debemos exorcizar, sino una función psíquica que debemos integrar." Esta integración no implica identificación con el mal, sino reconocimiento de su realidad y función transformadora. Jung veía en el "Fausto" la anticipación poética de conceptos que la psicología analítica formularía científicamente: la sombra como aspecto reprimido de la personalidad, la función trascendente como mediadora entre opuestos, y la individuación como proceso que incluye necesariamente la confrontación con el mal personal.

En "Tipos psicológicos" (1921), Jung citaba extensamente el "Fausto" como ilustración de la dinámica entre tipos psicológicos opuestos: "Fausto representa el tipo intuitivo-emocional, Mefistófeles el tipo sensorial-racional... Su conflicto simboliza la tensión necesaria para el desarrollo de la personalidad total." Esta interpretación transformaba la obra maestra de Goethe en un manual anticipado de psicología profunda, donde el pacto diabólico se revelaba como metáfora del proceso terapéutico en el cual el ego debe confrontar y reconocer aspectos rechazados de la totalidad psíquica. Mefistófeles se convertía así en el primer "analista" de la literatura occidental: la figura que obliga al protagonista a enfrentar sus contradicciones internas y, a través de este enfrentamiento, alcanzar una comprensión más completa de sí mismo.

18. Jung y Kierkegaard: Desesperación, pecado y lo demoníaco

La desesperación que no quiere admitir su propia condición revela, según Søren Kierkegaard, la estructura fundamental de lo demoníaco. Carl Gustav Jung reconoció en esta formulación una descripción extraordinariamente precisa de fenómenos que la psicología analítica observaba desde perspectiva clínica diferente. Ambos pensadores, desde perspectivas teológica y psicológica respectivamente, identificaron en lo "demoníaco" no una entidad externa, sino un estado existencial caracterizado por la clausura del yo ante la totalidad. Para Kierkegaard, lo demoníaco constituía una forma específica de desesperación; para Jung, una modalidad de disociación psíquica donde el individuo queda aislado de las fuentes renovadoras de la vida espiritual.

El aislamiento del yo constituye la raíz común de lo demoníaco según ambos pensadores. Kierkegaard observaba: "El demonio hace su obra principal convenciendo a los hombres de que están completamente solos en el mundo." Esta intuición resonaba profundamente con la psicología junguiana, que identificaba en la desconexión de la conciencia respecto al inconsciente colectivo una fuente primaria de patología. Jung comentaba en seminarios de 1938: "Lo que Kierkegaard describió como estado demoníaco nosotros lo observamos en individuos que han perdido contacto con los arquetipos... Se sienten absolutamente solos porque han cortado su conexión con las fuentes transpersonales de la vida."

"La enfermedad mortal" (1849)[47] desarrolló el análisis más penetrante de Kierkegaard sobre lo demoníaco como forma específica de desesperación. Lo definía como "la desesperación que no solo no quiere ser curada, sino que quiere intensificar su desesperación." Esta resistencia activa a la curación revelaba una dimensión del mal que trascendía la simple ausencia de bien: constituía una fuerza que se afirmaba a sí misma precisamente a través de su negación de la redención.

Dos formas principales de demonismo operaban según dinámicas diferentes pero convergían en el mismo resultado según la clasificación kierkegaardiana. El demonismo por debilidad se caracteriza por la "reserva demoníaca" ("Forbehold"): "Lo demoníaco no osa creer que para Dios todo es posible... tiene angustia de lo bueno y por eso se encierra cada vez más en sí mismo." Esta forma de demonismo corresponde al individuo que se aísla del mundo por temor a la vulnerabilidad que implica la relación auténtica. El miedo a ser transformado por el encuentro con lo divino genera una clausura defensiva que perpetúa el estado que busca evitar.

---

[47] **"La enfermedad mortal" (1849)** Tratado sobre la desesperación como "enfermedad del yo". Kierkegaard define tres formas de desesperación: no querer ser uno mismo, querer ser uno mismo, y no saber que se tiene un yo. Su análisis de la "reserva demoníaca" describe individuos que se aferran a su desesperación como defensa contra la posibilidad de transformación. Esta resistencia a la curación resonaba con observaciones clínicas de Jung sobre pacientes que "preferían" su neurosis.

El demonismo por obstinación representa una forma más activa de rebelión: "Quiere ser él mismo ante Dios, pero sin Dios... Es la forma más concentrada de la desesperación." Kierkegaard observaba que esta forma de demonismo frecuentemente se disfraza de superioridad espiritual o intelectual. El individuo obstinado no niega la existencia de lo trascendente, pero rechaza su autoridad transformadora, pretendiendo mantener su autonomía absoluta frente a cualquier instancia superior.

"El concepto de la angustia" (1844)[48] había analizado lo demoníaco como "angustia ante el bien": "Lo demoníaco es la repentina angustia ante el bien... El individuo angustiado por el bien no puede comunicarse... quiere encerrarse en sí mismo." Esta incomunicabilidad demoníaca surge del terror ante la posibilidad de transformación que implica la apertura al bien. La perspectiva de cambio genera una resistencia tan intensa que el individuo prefiere la desesperación conocida a la transformación desconocida.

Una conferencia de 1932 registró los comentarios de Jung sobre estas observaciones kierkegaardianas: "Lo que Kierkegaard llamó 'lo demoníaco' corresponde exactamente a lo que observamos en individuos que han sido poseídos por complejos autónomos... La incomunicabilidad que

---

[48] **"El concepto de la angustia" (1844)** Obra firmada por Johannes Climacus que analiza la angustia como "vértigo de la libertad". Distingue entre angustia ante el pecado (que precede a la culpa) y angustia ante el bien (característica de lo demoníaco). Esta segunda forma explica por qué algunos individuos experimentan terror ante la posibilidad de redención, prefiriendo el aislamiento conocido a la apertura transformadora.

describe es característica de tales estados." Esta correspondencia no era accidental: ambos pensadores habían identificado la misma estructura psíquica fundamental desde ángulos disciplinarios distintos.

La "reserva demoníaca" de Kierkegaard encontraba su paralelo psicológico en los complejos disociados que Jung observaba en sus pacientes: contenidos psíquicos que adquieren autonomía patológica precisamente por su aislamiento de la conciencia. "La práctica de la psicoterapia" (1935) registraba las observaciones de Jung: "Los complejos actúan como demonios... poseen al individuo y lo fuerzan a comportamientos que su yo consciente rechazaría." Esta autonomización de contenidos psíquicos reproducía la dinámica que Kierkegaard había descrito teológicamente: la clausura del yo genera fuerzas internas que terminan dominándolo.

Las notas clínicas de Jung de 1925 documentaban observaciones que resonaban con la descripción kierkegaardiana del demonismo como "angustia ante el bien": "Algunos pacientes se aferran a su neurosis como si fuera su posesión más preciada... Es como si tuvieran angustia de la salud." Esta resistencia al bienestar revelaba una dinámica paradójica donde el sufrimiento conocido se prefería a la incertidumbre de la curación.

La "incomunicabilidad" que Kierkegaard consideraba característica esencial de lo demoníaco correspondía psicológicamente a la rigidez defensiva que Jung observaba en personalidades disociadas. Ambos pensadores coincidían en que la curación requería abandono del aislamiento: para Kierkegaard, mediante la fe que abre al individuo a Dios; para Jung, mediante la individuación que conecta al yo con el YO. Sin embargo, sus propuestas terapéuticas diferían significativamente en método y fundamentación.

Kierkegaard situaba la resolución del estado demoníaco en el "salto" de la fe, entendido como decisión paradójica que trascendía tanto la razón como la ética: "La fe comienza precisamente donde termina el pensamiento... Es la pasión de la interioridad que se atreve al absurdo." Esta trascendencia requería una ruptura radical con las categorías ordinarias del entendimiento, un abandono de la pretensión de autonomía racional que caracterizaba al yo demoníaco.

Jung, manteniendo su perspectiva empírica, localizaba la curación en el establecimiento de relación consciente entre el yo y los contenidos inconscientes: "Lo que Kierkegaard resolvía mediante la fe, nosotros lo resolvemos mediante la función trascendente... Ambos procesos implican trascender las limitaciones del ego, pero por vías diferentes." Para Jung, la transformación no requería salto irracional sino ampliación de la conciencia que incluía dimensiones previamente excluidas.

La insistencia de Kierkegaard en que el estado demoníaco solo podía superarse mediante intervención divina reflejaba su comprensión radical: "El individuo demoníaco no puede salvarse a sí mismo... Requiere la gracia que viene de fuera." Esta dependencia absoluta de la gracia exterior reflejaba su comprensión de lo demoníaco como clausura tan completa que imposibilitaba cualquier movimiento liberador desde dentro del estado mismo.

Jung, sin negar la dimensión numinosa de la curación, enfatizaba la capacidad autocurativa de la psique: "La psique posee una tendencia natural hacia la totalidad... Lo que llamamos curación es frecuentemente la remoción de obstáculos que impiden este proceso natural." Esta diferencia fundamental reflejaba perspectivas distintas sobre la naturaleza de la transformación: trascendencia versus inmanencia, intervención versus autodesarrollo.

El diálogo entre ambos pensadores revela que lo demoníaco, ya sea teológica o psicológicamente entendido, constituye esencialmente una forma de clausura del yo ante la totalidad de la cual forma parte. Para Kierkegaard, esta totalidad era Dios; para Jung, el YO arquetípico que abarca tanto lo consciente como lo inconsciente. Ambos coincidían en que lo demoníaco surge de la pretensión del ego de bastarse a sí mismo, negando su dependencia constitutiva respecto a fuentes transpersonales de sentido y renovación. La "reserva demoníaca" kierkegaardiana y los "complejos autónomos" junguianos representan modalidades diferentes del mismo fenómeno básico: la fragmentación de la personalidad total resultante del aislamiento defensivo.

19. Jung y Freud: El mal entre lo consciente y lo inconsciente

Las diferencias epistemológicas fundamentales entre Sigmund Freud y Carl Gustav Jung sobre la naturaleza del mal cristalizaron una ruptura que definiría el desarrollo posterior de la psicología profunda. Freud desarrolló un paradigma reduccionista que explicaba las manifestaciones diabólicas como derivados de conflictos sexuales reprimidos, mientras Jung elaboró una comprensión arquetípica que reconocía la autonomía simbólica de lo demoníaco. Esta divergencia fundamental revelaría dos antropologías radicalmente distintas del mal y sus implicaciones terapéuticas.

"Los Estudios sobre la histeria" (1895)[49] establecieron la base del método freudiano: los síntomas histéricos eran "símbolos mnémicos" de traumas reprimidos. Esta formulación implicaba que lo que anteriormente se interpretaba como invasión demoníaca era el retorno de material psíquico reprimido bajo forma simbólica. Para Freud, el "demonio" era el trauma no elaborado que se manifestaba en el síntoma convertido. La desmitificación operaba mediante reducción causal: toda manifestación

---

[49] **"Estudios sobre la histeria" (1895)** Obra colaborativa de Freud y Josef Breuer que estableció las bases del psicoanálisis. Introduce el "método catártico" donde síntomas histéricos desaparecen al recuperar memorias traumáticas reprimidas. Freud interpretaba manifestaciones "diabólicas" (como el caso de Anna O.) como conversiones somáticas de conflictos sexuales. Jung respetaba la observación clínica pero cuestionaba el reduccionismo explicativo.

aparentemente diabólica podía explicarse a través de mecanismos psíquicos identificables y tratables.

"La interpretación de los sueños" (1900) proporcionó el marco teórico para entender las manifestaciones nocturnas diabólicas mediante las leyes del proceso primario: condensación, desplazamiento y dramatización. En el análisis del sueño del "Hombre de los lobos", Freud interpretó las figuras amenazantes no como demonios sino como representaciones distorsionadas de escenas traumáticas infantiles. Las imágenes terroríficas perdían su poder numinoso al ser reducidas a sus componentes biográficos específicos.

"Los Tres ensayos sobre teoría sexual" (1905) establecieron el marco definitivo: las representaciones demoníacas emergían cuando la libido encontraba cauces inadecuados de expresión. En el caso Schreber[50], Freud interpretó las visiones místicas como elaboraciones paranoicas de conflictos homosexuales reprimidos. Esta aproximación reducía sistemáticamente el mal a disfunción sexual, eliminando cualquier dimensión transpersonal o arquetípica de la experiencia diabólica.

Jung desarrolló una aproximación radicalmente diferente desde su "Psicología de la demencia precoz"

---

[50] **"Caso Schreber"** Daniel Paul Schreber (1842-1911), juez alemán cuyas "Memorias de un enfermo de nervios" (1903) describían delirios místicos donde Dios lo transformaría en mujer para redimir la humanidad. Freud interpretó el caso como paranoia resultante de homosexualidad reprimida. Jung criticó esta reducción, viendo en los delirios de Schreber contenidos arquetípicos similares a mitologías de transformación sexual en religiones primitivas.

(1907), donde describía sistemas delirantes con figuras diabólicas que no podían reducirse a conflictos biográficos específicos. Jung observaba: "En muchos casos encontramos producciones fantásticas que poseen carácter mítico sorprendente y trascienden el círculo de la experiencia personal del paciente." Esta observación cuestionaba directamente la suficiencia explicativa del método freudiano.

"Transformaciones y símbolos de la libido" (1912)[51] articuló la ruptura definitiva con el reduccionismo freudiano. Jung argumentaba que las imágenes demoníacas "no pueden reducirse a residuos de experiencias sexuales infantiles. Representan configuraciones autónomas de la psique que expresan conflictos fundamentales de la condición humana." Esta perspectiva reconocía en lo diabólico una dimensión irreductible que poseía valor simbólico propio, independiente de su génesis causal.

El método freudiano operaba mediante análisis de asociaciones libres para identificar material sexual reprimido disfrazado bajo forma diabólica. La búsqueda se dirigía hacia traumas específicos, fantasías edípicas no resueltas o impulsos perversos reprimidos. El objetivo consistía en hacer consciente el conflicto subyacente, neutralizando la proyección demoníaca mediante

---

[51] **"Transformaciones y símbolos de la libido" (1912)** Obra que precipitó la ruptura definitiva entre Jung y Freud. Jung argumentaba que la libido no era exclusivamente sexual sino energía psíquica general que podía manifestarse en formas religiosas, creativas o espirituales. Esta "desexualización" de la libido permitía interpretar figuras diabólicas como símbolos autónomos, no meros disfraces de impulsos reprimidos.

interpretación causal. Esta aproximación asumía que la comprensión del origen eliminaba el poder del símbolo.

El método junguiano trataba la imagen diabólica como símbolo autónomo irreducible a causas biográficas. La amplificación mediante asociaciones míticas y culturales exploraba qué función compensatoria cumplía respecto a la actitud consciente unilateral. El diablo simbolizaba aspectos vitales que requerían integración consciente, no eliminación. Esta perspectiva preservaba el poder transformador del símbolo mientras lo relacionaba conscientemente con la totalidad psíquica.

La posición freudiana sostenía que el mal carece de realidad sustancial propia. Resulta de desarrollo anómalo, represión excesiva o desequilibrio entre instancias psíquicas. En condiciones ideales, los fenómenos "diabólicos" desaparecerían. Freud mantenía fe ilustrada en el progreso racional que eventualmente superaría las manifestaciones irracionales de la psique humana. Esta perspectiva optimista veía en el mal una disfunción corregible mediante técnica apropiada.

La posición junguiana reconocía que el mal posee realidad arquetípica autónoma que trasciende las vicisitudes del desarrollo individual. Incluso en condiciones óptimas, la psique humana seguiría generando imágenes diabólicas porque expresan tensiones estructurales inherentes a la conciencia misma. Esta perspectiva veía en el mal una dimensión constitutiva de la experiencia humana que requiere integración, no eliminación.

Estas diferencias metodológicas reflejaban antropologías fundamentalmente distintas. La antropología freudiana concebía al ser humano como animal racional cuyas manifestaciones irracionales resultan de obstáculos al desarrollo normal. El objetivo terapéutico consiste en remover estos obstáculos mediante comprensión causal. El mal representa accidente histórico superable mediante progreso científico. Esta visión optimista asumía que la racionalidad científica podría eventualmente eliminar las fuentes del sufrimiento humano.

La antropología junguiana entendía al ser humano como animal simbólico que requiere imágenes transcendentes (incluidas las diabólicas) para orientarse en la existencia. El objetivo terapéutico consiste en enriquecer la vida simbólica mediante diálogo con contenidos arquetípicos. El mal constituye componente estructural de la condición humana que debe integrarse, no eliminarse. Esta perspectiva reconocía en el sufrimiento una dimensión potencialmente transformadora irreductible a disfunción.

Las implicaciones terapéuticas de estas diferencias resultaron profundas y duraderas. Freud buscaba curar mediante comprensión causal que neutralizara el poder patógeno del símbolo. Jung buscaba transformar mediante diálogo consciente que preservara el poder numinoso del símbolo mientras lo integraba en la personalidad total. Freud eliminaba el misterio; Jung lo civilizaba. Freud desmitificaba; Jung remitificaba conscientemente.

Esta divergencia fundamental sobre el estatuto del mal continuaría definiendo las tensiones entre diferentes aproximaciones terapéuticas, estableciendo un debate que permanece vigente en la comprensión contemporánea de la psicopatología y sus tratamientos. La cuestión central persiste: ¿debe la terapia eliminar o integrar las manifestaciones de lo que experimentamos como diabólico? La respuesta determina no solo la técnica terapéutica sino la comprensión fundamental de la naturaleza humana y sus posibilidades de transformación.

20. Jung y Hillman: El "politeísmo psíquico" y la rehabilitación de lo demoníaco

James Hillman (1926-2011), fundador de la psicología arquetipal, construyó la crítica más sofisticada de la aproximación junguiana al mal y lo demoníaco desde una perspectiva que privilegiaba la multiplicidad sobre la unidad. Su propuesta central —el "politeísmo psíquico"[52]— representó una ruptura radical con la tendencia unificadora de Jung respecto al arquetipo del Diablo. Donde Jung buscaba integrar la sombra diabólica en el YO totalizador, Hillman abogaba por preservar la autonomía irreductible de las figuras demoníacas como divinidades legítimas del panteón psíquico.

Esta divergencia fundamental entre unidad y multiplicidad hundía sus raíces en diferencias teóricas profundas que Hillman había extraído de diversas fuentes intelectuales. Giambattista Vico (1668-1744)[53] proporcionó

---

[52] Concepto central de Hillman que propone sustituir el monoteísmo del "yo" junguiano por reconocimiento de múltiples "dioses" arquetípicos con derechos propios. Cada complejo o síntoma expresa una divinidad particular que reclama reconocimiento. Esta perspectiva se inspira en religiones politeístas que honraban dioses "oscuros" (Hades, Kali, Tezcatlipoca) sin intentar "integrarlos" en una unidad superior.

[53] **"Giambattista Vico (1668-1744)"** Filósofo napolitano autor de "Scienza Nuova" (1725) que desarrolló una filosofía cíclica de la historia. Su concepto de "sabiduría poética" primitiva influyó en Hillman: las primeras sociedades pensaban a través de imágenes concretas (mitos) antes que conceptos abstractos. Esta "lógica poética" era superior al racionalismo moderno porque preservaba la riqueza simbólica que el pensamiento conceptual empobrece.

el fundamento histórico mediante su argumentación en "Scienza Nuova" (1725) de que la mentalidad primitiva operaba mediante una "lógica poética" superior al racionalismo moderno. Para Vico, el politeísmo antiguo no representaba superstición sino sabiduría: "La mente primitiva veía la multiplicidad como expresión necesaria de la totalidad." Esta perspectiva proporcionó a Hillman el fundamento para criticar la "reducción monoteísta" que veía en la psicología junguiana del YO unificado.

Gaston Bachelard (1884-1962) proporcionó un modelo metodológico crucial en "La psychanalyse du feu" (1938), argumentando que los elementos naturales funcionaban como "arquetipos materiales" con derecho propio: "Los elementos no son símbolos de otra cosa... son realidades poéticas primarias que demandan estudio directo." Esta aproximación "directa" influyó en la insistencia hillmaniana de estudiar al Diablo en sus propios términos, sin reducirlo a "sombra del YO": "Como Bachelard con el fuego, debemos estudiar al Diablo directamente, no como símbolo de otra realidad sino como realidad arquetipal primaria."

El biólogo Adolf Portmann (1897-1982)[54] influyó en Hillman a través de su crítica al funcionalismo darwiniano. En "Animal Forms and Patterns" (1952), argumentaba:

---

[54] **"Adolf Portmann (1897-1982)"** Biólogo suizo que desarrolló una "morfología" que enfatizaba la autovalía estética de las formas orgánicas, independiente de su función adaptativa. Su crítica al darwinismo reduccionista influyó en Hillman: los arquetipos existen por su belleza intrínseca, no por su utilidad terapéutica. Este enfoque estético transformaba la relación con lo diabólico de problema a resolver en realidad a contemplar.

"Las formas orgánicas expresan valores estéticos irreductibles a utilidad adaptativa... existe un principio morfológico autónomo que crea por pura expresión." Hillman aplicó esta "morfología arquetipal" al Diablo: "Como las formas de Portmann, los arquetipos existen por su belleza intrínseca, no por su función terapéutica... el Diablo tiene valor estético propio, independiente de su utilidad para la individuación."

La crítica central de Hillman identificó en Jung una tendencia residual hacia el "monoteísmo psicológico": la subordinación de todos los arquetipos al arquetipo supremo del YO. En "Re-Visioning Psychology" (1975), escribía: "Jung cayó en la trampa cristiana de buscar la unidad... su YO es tan monoteísta como el Dios cristiano que pretendía superar." Respecto al Diablo específicamente, Hillman criticaba la insistencia junguiana en "integrar la sombra": "¿Por qué el Diablo debe subordinarse al YO? ¿Por qué no puede tener su propia dignidad arquetipal? La integración es colonización psicológica... el YO imperial que absorbe las culturas arquetípicas autóctonas."

Donde Jung hablaba de "sombra diabólica" como contenido a integrar, Hillman prefería el término griego "daimon" para enfatizar la autonomía: "El daimon no es algo a superar o integrar, sino alguien con quien vivir... una presencia que nos acompaña desde el nacimiento hasta la muerte, no como problema sino como compañía." En "The Soul's Code" (1996), redefinía el daimon diabólico: "Nuestro daimon puede manifestarse como tentador, destructor, seductor... pero sigue siendo nuestro guía particular. La tentación diabólica es educación daimónica... el Diablo como pedagogo del alma."

Hillman argumentaba que incluso el mal mismo era múltiple, no unitario: "No existe 'el Mal' sino males específicos... la crueldad de Ares difiere de la seducción de Afrodita oscura, que difiere de la melancolía de Saturno. Cada mal expresa un dios particular." Esta multiplicidad del mal contrastaba con la tendencia junguiana a unificar la sombra: "Jung habla de 'la Sombra' como si fuera una... pero existen tantas sombras como arquetipos. El Diablo cristiano es solo una personalización entre muchas... necesitamos un panteón demoníaco, no un Satán monoteísta."

Frente al modelo junguiano de integración, Hillman proponía "honrar" al Diablo como divinidad legítima: "No se trata de hacer las paces con el Diablo sino de reconocer su derecho a existir... como los antiguos honraban a Hades sin amarlo, podemos honrar aspectos diabólicos sin identificarnos con ellos." Esta "veneración" no implicaba indulgencia moral sino reconocimiento arquetipal: "Honrar al Diablo significa darle su lugar en el panteón psíquico... no como sombra a integrar sino como perspectiva a consultar. El Diablo ve cosas que los ángeles no ven."

Hillman desarrolló una "estética de lo demoníaco" basada en reconocer la "belleza terrible" de las figuras diabólicas: "El Diablo posee su propia belleza... la belleza de la destrucción necesaria, de la transgresión creativa, del caos fértil. Negar esta belleza es empobrecer el alma." Esta perspectiva estética contrastaba con la aproximación ética junguiana: "Jung aún piensa éticamente... bien y mal, integración y fragmentación. Yo propongo pensar estéticamente... bello y feo, intenso y plano, profundo y superficial. El Diablo es estéticamente necesario."

La propuesta hillmaniana representa una radicalización de la revolución junguiana: donde Jung rehabilitó psicológicamente al Diablo, Hillman lo rehabilita arquetipalmente. Su "politeísmo psíquico" ofrece un modelo donde el Diablo no es enemigo a vencer ni sombra a integrar, sino dios a honrar. Como escribía en "The Dream and the Underworld" (1979): "Los dioses no han muerto, simplemente hemos olvidado sus nombres... el Diablo es uno de esos dioses amnésicos. Nuestra tarea no es exorcizarlo sino recordar su nombre verdadero, su función específica en la economía del alma."

Esta perspectiva transforma radicalmente la relación con lo demoníaco: del monoteísmo del YO que absorbe la sombra al politeísmo del alma que honra la multiplicidad diabólica. El Diablo hillmaniano no es tanto el adversario de Dios como uno de los muchos dioses que reclaman reconocimiento en el panteón de la psique posmoderna. Esta transformación conceptual implica abandonar la búsqueda de síntesis unificadora en favor de un reconocimiento de la irreductible diversidad de lo sagrado, incluidas sus manifestaciones más perturbadoras y transgresivas.

21. Jung y Eliade: Mito, historia de las religiones y la dualidad sagrada

El concepto de "terror hierofánico"[55] formulado por Mircea Eliade proporcionó a Carl Gustav Jung una validación fenomenológica crucial para su comprensión del arquetipo diabólico. La relación intelectual entre ambos pensadores constituyó un punto de encuentro excepcional entre la psicología analítica y la historia comparada de las religiones, particularmente en su exploración de la dualidad sagrada y las figuras demoníacas. A diferencia de otros pensadores que abordaron el problema del mal desde perspectivas filosóficas o teológicas, Eliade aportó a Jung la validación histórico-religiosa que sus teorías psicológicas necesitaban, documentando la universalidad de la experiencia del mal como componente legítimo de lo sagrado.

La formación intelectual de Eliade en la escuela rumana de estudios religiosos proporcionó una perspectiva única sobre la dualidad sagrada, radicalmente distinta de las aproximaciones occidentales que había informado otros aspectos del pensamiento junguiano. Esta tradición

---

[55] **"Terror hierofánico"** Concepto desarrollado por Eliade para describir el aspecto terrible de lo sagrado. Toda hierofanía (manifestación de lo sagrado) incluye elementos que provocan fascinación y terror simultáneamente. Rudolf Otto había identificado este aspecto en el "mysterium tremendum", pero Eliade enfatizó que el terror no es accidental sino constitutivo de la experiencia religiosa auténtica. Este concepto validó fenomenológicamente la comprensión junguiana del arquetipo como numinoso.

académica rumana había desarrollado una sensibilidad particular hacia el dualismo religioso que se revelaría fundamental para la colaboración con Jung.

Vasile Pârvan (1882-1927)[56], pionero de la arqueología rumana, documentó en "Getica" (1926) cómo la civilización dacia mantenía un equilibrio religioso entre fuerzas celestiales y ctónicas: "Los dacios veneraban tanto a Zalmoxis, dios de la luz, como a las divinidades ctónicas... conocían la necesidad de honrar ambos aspectos de lo divino." Sus excavaciones revelaron sitios ceremoniales donde coexistían símbolos solares y serpentinos, evidenciando una integración ritual de principios opuestos que contrastaba marcadamente con la polarización ética del cristianismo occidental.

Esta herencia dualista dacia, preservada en el folklore rumano, sensibilizó a Eliade hacia culturas que reconocían la legitimidad del mal sagrado sin la polarización ética característica del cristianismo occidental, proporcionando un contrapunto cultural a las fuentes gnósticas y alquímicas que Jung había explorado. Nicolae Iorga (1871-1940), cuya metodología historiográfica integraba las mentalidades religiosas con los procesos políticos, observó en "Estudios bizantinos" (1913): "Los pueblos balcánicos preservaron tradiciones dualistas que el cristianismo oficial no logró

---

[56] **"Vasile Pârvan (1882-1927)"** Arqueólogo rumano pionero en el estudio de la civilización dacia. Sus excavaciones en Sarmizegetusa revelaron complejos ceremoniales donde coexistían símbolos solares y serpentinos, evidenciando integración ritual de principios opuestos. Su obra "Getica" (1926) demostró que los dacios mantenían un equilibrio religioso entre fuerzas celestiales y ctónicas, sin la polarización ética característica del cristianismo posterior.

erradicar... cada fiesta popular rumana contiene elementos que reconocen poderes oscuros."

Iorga demostró que el catarismo medieval había encontrado terreno fértil en los Balcanes precisamente porque allí existía una sensibilidad religiosa receptiva al dualismo. Esta continuidad histórica proporcionó a Eliade un modelo de resistencia cultural a la demonización unilateral del mal que complementaba el interés junguiano por tradiciones marginalizadas. El filósofo rumano Lucian Blaga (1895-1961) desarrolló una "metafísica del misterio" que reconocía lo demoníaco como categoría ontológica legítima. En "Trilogía del conocimiento" (1943), escribía: "El misterio incluye tanto revelación como ocultamiento... lo diabólico es el misterio en su aspecto resistente al conocimiento."

Blaga sostenía que la cultura rumana había preservado una "matriz estilística" que aceptaba la ambivalencia de lo sagrado, a diferencia de las culturas occidentales que buscaban purificar lo divino de sus elementos oscuros. Esta comprensión filosófica del mal como "misterio necesario" proporcionó a Eliade un marco conceptual distintivamente rumano para su aproximación fenomenológica que resultaría compatible con las intuiciones junguianas sobre la naturaleza paradójica de lo numinoso.

Las investigaciones de Eliade sobre chamanismo revelaron una comprensión radicalmente distinta del mal, donde las entidades demoníacas cumplían funciones mediadoras esenciales. Los trabajos etnográficos de

Matthias Alexander Castrén (1813-1852)[57] habían documentado cómo los chamanes siberianos interactuaban con entidades del inframundo. En "Nordische Reisen und Forschungen" (1853), Castrén registraba: "El chamán debe descender al mundo inferior y negociar con sus señores... estos 'demonios' no son enemigos sino guardianes de secretos."

Esta función mediadora de las entidades demoníacas contrastaba radicalmente con la demonología cristiana, proporcionando a Jung evidencia antropológica de que otras culturas habían desarrollado relaciones más complejas y productivas con sus "demonios", confirmando su intuición de que la sombra podía ser integrada creativamente. El etnógrafo húngaro Vilmos Diószegi (1923-1972) documentó la persistencia de elementos chamánicos en Europa Central. En "Tracing Shamans in Siberia" (1968), Diószegi escribía: "El táltos húngaro conoce el camino al 'mundo inferior'... debe enfrentar al 'Señor de los Huesos' para cumplir su función curativa."

Estos hallazgos proporcionaron a Eliade evidencia de que incluso dentro de Europa habían sobrevivido tradiciones que atribuían funciones positivas a entidades demoníacas, ampliando así el marco comparativo de Jung más allá de las fuentes alquímicas y gnósticas occidentales.

---

[57] **"Matthias Alexander Castrén (1813-1852)"** Lingüista y etnólogo finlandés que realizó expediciones a Siberia documentando tradiciones chamánicas. Sus "Nordische Reisen und Forschungen" (1853) registraron por primera vez sistemáticamente las técnicas chamánicas de viaje al "mundo inferior" y negociación con entidades ctónicas. Estos materiales proporcionaron a Eliade evidencia de que el "descenso a los infiernos" era técnica espiritual universal, no patología.

Maria Tatar[58] analizó la función de las figuras demoníacas en el folklore finlandés y húngaro, descubriendo que actuaban como "guardianes del umbral" que probaban la preparación espiritual de los iniciados: "El demonio del cuento popular no destruye por malicia sino que prueba la madurez del héroe."

Esta función probatoria de lo demoníaco en las narrativas populares ugrofinesas proporcionaba un paralelo etnográfico a la comprensión junguiana del encuentro con la sombra como prueba necesaria en el camino de individuación, pero desde un corpus de materiales completamente distinto. La contribución más original de Eliade al diálogo con Jung fue su desarrollo del concepto de "terror hierofánico", que iluminaba aspectos de la experiencia numinosa desde una perspectiva fenomenológica rigurosa.

Eliade desarrolló este concepto para describir la experiencia de lo sagrado en su aspecto terrible. En "Tratado de historia de las religiones" (1949), escribía: "Lo sagrado auténtico siempre incluye terror... el demonio es hierofanía pura porque es puramente terrible, sin las atenuaciones morales posteriores." Este concepto proporcionó a Jung una validación fenomenológica de su comprensión del arquetipo diabólico como experiencia

---

[58] **"María Tatar"** Folclorista húngaro-americana especializada en cuentos de hadas europeos. Su análisis de figuras demoníacas en folklore ugrofinés reveló que funcionaban como "guardianes del umbral" que probaban la madurez espiritual de los héroes. Esta función iniciática contrastaba con interpretaciones cristianas que veían en los demonios solo obstáculos malignos. Sus trabajos proporcionaron paralelos etnográficos a la comprensión junguiana de la sombra como maestra disfrazada.

numinosa legítima. Jung adoptó la expresión escribiendo: "El 'terror hierofánico' de Eliade explica por qué el encuentro con la sombra produce tanto fascinación como repulsión."

Eliade argumentaba que las figuras demoníacas representaban "hierofanías negativas" tan válidas como las positivas: "El demonio revela lo sagrado en su aspecto destructivo... aspecto que las religiones 'civilizadas' prefieren proyectar fuera de lo divino." Esta legitimación fenomenológica del Diablo como revelación auténtica de lo sagrado reforzó los argumentos junguianos contra la doctrina del "privatio boni" desde una disciplina completamente distinta, multiplicando así la solidez de la crítica a las concepciones tradicionales que negaban realidad sustantiva al mal.

La colaboración Jung-Eliade demostró que la comprensión del Diablo requiere tanto perspectiva psicológica como histórico-religiosa. Eliade proporcionó a Jung evidencia de que el arquetipo diabólico era universal, no invención occidental. Jung ofreció a Eliade herramientas para comprender por qué ciertos símbolos religiosos mantienen poder transformador a través de las épocas y culturas. Jung escribía en 1957: "Eliade ha confirmado que mi visión del Diablo no es especulación personal sino redescubrimiento de sabiduría universal... las religiones siempre supieron que lo divino incluye su propia contradicción."

Eliade respondía: "Jung devuelve vida a los símbolos antiguos... muestra que el Diablo no es reliquia del pasado sino realidad presente que cada época debe enfrentar con sus propios métodos." Esta síntesis interdisciplinaria estableció que el Diablo, lejos de ser aberración histórica, representa estructura permanente de la experiencia humana de lo sagrado, manifestándose tanto psicológicamente (como arquetipo) como fenomenológicamente (como hierofanía) en todas las culturas que han preservado la comprensión de la dualidad sagrada fundamental.

22. El Diablo en la modernidad: La sombra colectiva

Los conceptos teológicos secularizados constituyen, según Carl Schmitt[59] en "Teología política" (1922), la base de "todos los conceptos significativos de la moderna teoría del Estado". Su definición de lo político como distinción entre "amigo y enemigo" secularizaba el dualismo religioso bien/mal, trasladándolo al terreno ideológico. Carl Gustav Jung reconoció en este diagnóstico una confirmación de sus propias observaciones: la modernidad, en su afán por racionalizar y secularizar la existencia, no había logrado erradicar la figura del Diablo, sino transformarla en mecanismos de proyección colectiva y estructuras ideológicas.

Jung identificó en este proceso una peligrosa dinámica psíquica: la negación de la sombra individual y su externalización en fenómenos sociales, políticos y culturales. Las ideologías modernas "funcionan como pseudo-religiones que necesitan demonizar al adversario", señalaba Jung, coincidiendo con el análisis schmittiano. En "Después de la catástrofe" (1945), analizó cómo el nazismo

---

[59] **"Carl Schmitt (1888-1985)"** Jurista alemán cuya "Teología política" (1922) analizó cómo conceptos teológicos secularizados fundaban la teoría política moderna. Su definición de lo político como distinción "amigo/enemigo" secularizaba el dualismo religioso bien/mal. Aunque Jung no cita directamente a Schmitt, ambos identificaron la persistencia de estructuras arquetípicas en formas aparentemente racionales de organización social.

había transformado al judío en equivalente secular del diablo medieval: omnipresente, poderoso y culpable de todos los males colectivos.

Jacob Burckhardt[60], historiador suizo con quien Jung estaba familiarizado desde su juventud en Basilea, había advertido en sus "Reflexiones sobre la historia mundial" sobre los "terribles simplificadores" que reducían la complejidad histórica a esquemas binarios. Para Burckhardt, las revoluciones modernas sustituían el fanatismo religioso por el ideológico, manteniendo intacta la estructura psicológica de demonización del oponente. Jung retomó esta intuición en su análisis del bolchevismo: "El burgués se convirtió para el comunista en lo que el hereje había sido para el inquisidor: encarnación de un principio metafísicamente maligno que debe ser erradicado."

"La decadencia de Occidente" (1918-1922) de Oswald Spengler[61] diagnosticó el agotamiento espiritual de la civilización occidental y su entrada en fase "cesarista"

---

[60] **"Jacob Burckhardt (1818-1897)"** Historiador suizo de la cultura renacentista, profesor en Basilea cuando Jung era estudiante. Sus "Reflexiones sobre la historia mundial" advirtieron sobre los "terribles simplificadores" que reducirían la complejidad histórica a esquemas binarios. Su concepto de "crisis históricas" influenció la comprensión junguiana de cómo las transformaciones culturales activan contenidos arquetípicos reprimidos.

[61] **"Oswald Spengler (1880-1936)"** Filósofo alemán autor de "La decadencia de Occidente" (1918-1922) que diagnosticó el agotamiento espiritual de la civilización occidental. Su teoría de culturas como organismos que nacen, maduran y mueren influyó en Jung. Ambos vieron en los totalitarismos del siglo XX síntomas de una civilización que había perdido sus símbolos integradores tradicionales, generando vacíos donde proliferaban "mitos políticos" compensatorios.

caracterizada por conflictos titánicos. Jung encontró en esta obra confirmación de su teoría sobre el agotamiento de los símbolos cristianos y la emergencia de nuevos mitos colectivos. En "La lucha con la sombra" (1946), Jung escribió: "La civilización occidental, al perder sus símbolos religiosos integradores, ha generado vacíos donde florecen mitos políticos sustitutorios." Esta interpretación permitía entender los totalitarismos del siglo XX como intentos fallidos de llenar el vacío dejado por la "muerte de Dios" nietzscheana, sustituyendo la figura religiosa del Diablo por enemigos ideológicos absolutos.

La retórica de la Guerra Fría, con su construcción del adversario como "Imperio del Mal", ejemplificaba perfectamente la teoría junguiana de la proyección colectiva. Jung vivió lo suficiente para presenciar las primeras décadas de este conflicto, interpretándolo como continuación de la dinámica proyectiva que había analizado en los totalitarismos. Cada bloque ideológico proyectaba en el otro su propia sombra negada: el Oeste veía en el comunismo su propio autoritarismo reprimido, mientras el Este proyectaba en el capitalismo su materialismo encubierto.

Jung observó cómo esta dinámica repetía patrones arquetípicos: "La Guerra Fría reproduce en clave secular la guerra cósmica entre ángeles y demonios." La amenaza nuclear hacía esta proyección particularmente peligrosa, pues dotaba a la sombra colectiva de capacidad aniquiladora real. El arquetipo diabólico, lejos de desaparecer, se había metamorfoseado en formas que alimentaron las grandes crisis del siglo XX.

Las teorías conspirativas funcionan, según el análisis junguiano, como equivalentes modernos de la demonología medieval: personifican males abstractos (corrupción, desigualdad, crisis) en agentes ocultos con intenciones malignas. Jung habría visto en estas narrativas un intento del inconsciente colectivo por restablecer patrones maniqueos en un mundo desacralizado. En "Civilización en transición", Jung señaló: "Cuándo lo numinoso es expulsado de la teología, reaparece en ideologías políticas o pseudocientíficas."

Las teorías conspirativas ofrecen, paradójicamente, consuelo psicológico: restauran un mundo donde el mal tiene rostro identificable y puede ser combatido. Esta necesidad de personificación del mal abstracto revela la persistencia de estructuras arquetípicas que la racionalización moderna no logró eliminar. Las sociedades modernas, pese a su aparente racionalidad, continuaban necesitando chivos expiatorios[62]: minorías demonizadas que funcionan como repositorios de la sombra colectiva.

En "Presente y futuro" (1957), Jung escribió: "Las masas siempre buscan personificaciones simples para problemas complejos... preferimos culpar a un grupo externo antes que examinar nuestras propias contradicciones." Esta dinámica explica la persistencia de

---

[62] **"Chivos expiatorios"** Mecanismo antropológico documentado por René Girard en "El chivo expiatorio" (1982), aunque el fenómeno era conocido desde la antropología clásica. Las sociedades en crisis canalizan la violencia colectiva hacia víctimas designadas que "cargan" simbólicamente con los males comunitarios. Jung interpretó este patrón como proyección de la sombra colectiva, mientras Girard lo vio como fundamento de toda cultura humana.

xenofobia, racismo y discriminación: estos fenómenos no son meros "residuos irracionales", sino mecanismos psicológicos que permiten a grupos mantener su autoimagen positiva proyectando aspectos negativos en otros.

Jung reconocía que las sociedades seculares necesitaban desarrollar "equivalentes contemporáneos de los rituales tradicionales" que permitieran procesar colectivamente su sombra sin caer en la demonización proyectiva. Frente al panorama de una modernidad que había secularizado al Diablo sin integrar su función psíquica, Jung propuso no soluciones políticas directas, sino un trabajo de transformación individual y cultural. El arte, particularmente, podía cumplir esta función, ofreciendo espacios donde confrontar simbólicamente la oscuridad.

"El hombre moderno no cree ya en demonios, pero no ha desarrollado símbolos nuevos para expresar la realidad a la que los demonios aludían", escribió Jung en "Presente y futuro" (1957). La tarea cultural consiste en crear tales símbolos que permitan reconocer el mal sin personificarlo externamente. Esta transformación simbólica requería una comprensión más profunda de la naturaleza proyectiva de lo diabólico en la era secular.

La advertencia final de Jung apuntaba a una reconciliación consciente con la dimensión oscura de la existencia: "Hasta que la humanidad no asuma que el mal habita tanto en Dios como en el hombre, seguirá repitiendo ciclos de autodestrucción disfrazados de progreso." Este mensaje casi profético subrayaba que la verdadera superación del Diablo no consiste en su negación racionalista ni en su proyección ideológica, sino en su integración consciente como parte de la totalidad psíquica.

Solo reconociendo que "las llamas del infierno nos lamen continuamente" podemos relacionarnos responsablemente con el poder destructivo que hemos desarrollado. El Diablo moderno no desapareció: se refractó en las estructuras de poder, las ideologías y los discursos que, al evadir la complejidad moral de la existencia, alimentan los infiernos que pretendían superar. Jung sugería que la única salvación posible radica en hacer consciente lo que antes se proyectaba: reconocer al "demonio" como parte integrante de la naturaleza humana y, precisamente por ello, susceptible de transformación responsable.

23. Implicaciones terapéuticas y éticas de La Sombra

La curación de las neurosis requiere una transformación moral del paciente que trasciende las técnicas médicas convencionales. Paul Dubois[63] estableció este principio fundamental en "Les psychonévroses et leur traitement moral" (1904), observando que muchos trastornos psíquicos tenían su raíz en conflictos éticos no resueltos: "El neurasténico sufre porque ha desarrollado una división entre lo que es y lo que cree que debería ser." Sus observaciones revelaron una paradoja clínica: pacientes que se consideraban "ejemplares" a menudo desarrollaban los síntomas más severos, sugiriendo que "la perfección moral aparente frecuentemente enmascara una guerra interior devastadora."

Pierre Janet[64] desarrolló la "síntesis psicológica", demostrando que la fragmentación de la conciencia podía superarse mediante la reintegración consciente de

---

[63] **"Paul Dubois (1848-1918)"** Médico suizo pionero de la psicoterapia que desarrolló el "tratamiento moral" para neurosis. Sus observaciones en "Les psychonévroses et leur traitement moral" (1904) revelaron que pacientes "moralmente perfectos" desarrollaban síntomas más severos que individuos que aceptaban su ambigüedad moral. Esta paradoja clínica anticipó descubrimientos junguianos sobre la patología de la perfección unilateral.

[64] **"Pierre Janet (1859-1947)"** Psicólogo francés que desarrolló teorías sobre disociación y automatismo que influyeron en Jung. Su concepto de "síntesis psicológica" proponía reintegrar elementos disociados de la personalidad, incluyendo aquellos considerados "diabólicos" por el paciente. Janet demostró que ideas fijas perdían carácter patológico una vez reconocidas como productos de la propia psique.

elementos disociados. "L'automatisme psychologique" (1889) establecía que "la curación consiste en reunir en una síntesis personal todos los fenómenos psicológicos, incluso aquellos que parecen más aberrantes o moralmente repugnantes." Janet observó que ideas fijas consideradas "diabólicas" por los pacientes podían perder su carácter patológico una vez reconocidas como productos de la propia psique: "Lo que aterra en su condición de ajeno, se vuelve manejable tras ser reconocido como propio."

"La disociación de la personalidad" (1906) de Morton Prince[65] documentó casos donde personalidades múltiples representaban diferentes aspectos morales del mismo individuo. El famoso caso de Christine Beauchamp reveló que "la personalidad Sally representaba todos los impulsos que Christine había reprimido por considerarlos pecaminosos o socialmente inaceptables." Prince constató que "la integración terapéutica requería que Christine reconociera a Sally no como demonio externo, sino como parte legítima de su propia naturaleza."

Carl Gustav Jung desarrolló técnicas específicas para trabajar con manifestaciones de lo que los pacientes experimentaban como "diabólico" en su psique. Su enfoque se distinguía de otros métodos por reconocer la realidad psicológica autónoma de estas figuras. Sus notas clínicas de

---

[65] **"Morton Prince (1854-1929)"** Psiquiatra estadounidense que estudió personalidades múltiples. Su famoso caso de Christine Beauchamp reveló que personalidades alternas expresaban aspectos reprimidos por considerarse "pecaminosos". El tratamiento exitoso requería que la personalidad dominante reconociera las personalidades alternas como partes legítimas de su naturaleza total, anticipando métodos junguianos de integración de la sombra.

1935 registraban: "En presencia de visiones diabólicas de un paciente, no busco reducirlas a conflictos sexuales reprimidos como haría Freud, ni las interpreto como síntomas de degeneración. Las trato como manifestaciones autónomas del arquetipo de la sombra que reclaman diálogo consciente."

El método de "personificación consciente" permitía al paciente dialogar directamente con las figuras diabólicas que emergían en sueños o fantasías. Una paciente que experimentaba visiones de un demonio cornudo recibió la instrucción: "No huya de esta figura ni la combata. Pregúntele qué quiere, qué representa, por qué ha venido a usted." La paciente descubrió que el "demonio" representaba su creatividad artística reprimida por una educación religiosa rígida. Una vez establecido el diálogo, la figura se transformó gradualmente en una musa inspiradora.

Jung consideraba que cada individuo debía "domesticar su diablo personal" - reconocer y establecer relación consciente con sus tendencias destructivas específicas. Una conferencia de 1938 registró su explicación: "No buscamos eliminar el diablo interior, sino educarlo. Un diablo domesticado puede convertirse en el mejor de los servidores." Un paciente con impulsos violentos compulsivos aprendió a reconocer estos impulsos como expresiones distorsionadas de su asertividad natural reprimida. En lugar de luchar contra la violencia, aprendió a canalizarla hacia actividades constructivas como el deporte competitivo y la defensa de causas justas.

Jung documentó patrones consistentes en pacientes que habían logrado integrar sus aspectos "diabólicos". La reducción de proyecciones se manifestaba en que los pacientes dejaban de atribuir malicia a otros tras reconocer sus propias tendencias agresivas. El aumento de energía creativa resultaba de liberar la energía antes consumida en reprimir impulsos "inaceptables" para actividades constructivas. Una mayor autenticidad relacional se desarrollaba al aceptar su complejidad moral, permitiendo relaciones más honestas y profundas. La disminución de la culpa patológica procedía del reconocimiento de la naturaleza humana integral, reduciendo la auto-condena destructiva.

La integración de la sombra diabólica generaba un nuevo tipo de responsabilidad ética que Jung denominaba "ética de la totalidad"[66]. Esta no se basaba en la represión del mal, sino en su reconocimiento y canalización consciente. Jung observaba: "La persona que ha integrado su sombra diabólica es más ética, no menos, porque elige el bien conscientemente, conociendo su capacidad para el mal. Su bondad no es ingenuidad sino decisión madura." Esta ética implicaba asumir responsabilidad tanto por los impulsos luminosos como oscuros, reconociendo que ambos forman parte de la naturaleza humana integral.

---

[66] **"Ética de la totalidad"** Concepto junguiano que distingue entre moral convencional (basada en reglas externas) y ética individual (basada en relación consciente con la totalidad psíquica). Esta ética no elimina estándares morales sino los fundamenta en autoconocimiento completo. Quien ha integrado su sombra elige el bien conscientemente, conociendo su capacidad para el mal, generando responsabilidad más madura que la obediencia basada en ignorancia.

El enfoque junguiano de integración diabólica ofrece alternativas a aproximaciones que buscan eliminar síntomas sin integrar su significado psicológico. Jung advertía contra "curar" demasiado rápidamente lo que los pacientes experimentan como diabólico: "A veces el diablo interior es exactamente lo que el paciente necesita reconocer para crecer psicológicamente." La práctica clínica junguiana enseña que el objetivo no consiste en crear personas "perfectas", sino individuos conscientes de su totalidad, capaces de relacionarse responsablemente con todos los aspectos de su naturaleza, incluidos aquellos que la moral convencional considera diabólicos.

24. Legado de Jung en la comprensión del mal

Las ideas de Carl Gustav Jung sobre la naturaleza psicológica del mal han generado ondas de influencia que continúan expandiéndose a través de múltiples disciplinas. Su comprensión del Diablo como realidad arquetípica que requiere integración consciente más que eliminación ha transformado no solo la psicología analítica, sino también la historia de las religiones, los estudios bíblicos, la psicoterapia contemporánea y la comprensión de los fenómenos sociales. Esta influencia se manifiesta tanto en el trabajo de sus discípulos directos como en el desarrollo de enfoques completamente nuevos que han incorporado sus intuiciones fundamentales.

Marie-Louise von Franz (1915-1998)[67] desarrolló una metodología específica para interpretar las figuras demoníacas en el folklore europeo que representó una extensión original del pensamiento junguiano. "The Interpretation of Fairy Tales" (1970) establecía que "los ogros, diablos y brujas de los cuentos populares no son meras supersticiones, sino representaciones precisas de fuerzas arquetípicas que toda psique debe confrontar en su desarrollo." Von Franz documentó meticulosamente cómo

---

[67] **"Marie-Louise von Franz (1915-1998)"** Analista junguiana suiza, colaboradora más cercana de Jung en sus últimos años. Especializada en cuentos de hadas y alquimia, desarrolló metodologías específicas para interpretar símbolos diabólicos en folklore. Sus obras "Shadow and Evil in Fairy Tales" (1974) y "The Interpretation of Fairy Tales" (1970) sistematizaron la comprensión junguiana del mal como función transformadora en narrativas tradicionales.

diferentes culturas europeas personificaban aspectos de la sombra colectiva, revelando patrones universales en la simbolización del mal.

Su análisis del cuento alemán "El diablo y las tres cerdas doradas" ejemplifica su método: "El diablo aparece aquí no como mal absoluto, sino como figura que pone a prueba la integridad del héroe. Su función es revelar si el protagonista ha desarrollado suficiente conciencia para resistir la tentación sin caer en la rigidez moral." "Shadow and Evil in Fairy Tales" (1974) sistematizó estas observaciones estableciendo un principio fundamental: "En los cuentos de hadas, el encuentro con figuras diabólicas marca invariablemente un punto de transformación. El héroe que huye del diablo permanece infantil; el que lo enfrenta consciente emerge como adulto integrado."

Von Franz desarrolló tipologías específicas del diablo en diferentes tradiciones folklóricas europeas: el diablo tentador germánico que ofrece poder a cambio del alma, representando la inflación del ego; el diablo burlón celta que engaña mediante juegos de palabras, simbolizando la astucia de la sombra; y el diablo seductor mediterráneo que utiliza la belleza física, encarnando proyecciones del ánima/ánimus. Estas categorías demostraron que las manifestaciones diabólicas específicas reflejan las preocupaciones culturales particulares de cada tradición.

Aniela Jaffé (1903-1991)[68], secretaria personal de Jung y editora de "Memories, Dreams, Reflections", cumplió un papel crucial en la preservación y difusión de las ideas junguianas sobre el mal. "The Myth of Meaning" (1971) analizaba las experiencias visionarias de Jung como ejemplos paradigmáticos de confrontación con la sombra divina. Una carta a Jolande Jacobi del 15 de marzo de 1960 revelaba su interpretación: "Las experiencias del profesor Jung con figuras diabólicas no fueron patológicas, sino iniciáticas. Muestran cómo el inconsciente compensa la unilateralidad de la conciencia cristiana mediante irrupciones de contenidos 'paganos'."

Jaffé desarrolló una hermenéutica específica para interpretar las visiones diabólicas de Jung, distinguiendo entre encuentros compensatorios (figuras diabólicas que equilibran actitudes conscientes demasiado espiritualizadas), encuentros iniciáticos (diablos que marcan transiciones entre etapas de desarrollo psicológico) y encuentros creativos (demonios que aportan inspiración artística o intelectual). Esta clasificación proporcionó un marco para comprender las experiencias numinosas sin reducirlas a patología.

---

[68] **"Aniela Jaffé (1903-1991)"** Secretaria personal de Jung y editora de sus memorias. Su rol trasciende lo administrativo: fue intérprete autorizada del pensamiento junguiano tardío. "The Myth of Meaning" (1971) analiza las experiencias visionarias de Jung como ejemplos de confrontación iniciática con la sombra divina. Su correspondencia con otros analistas preserva interpretaciones orales de Jung no registradas en obras publicadas.

Joseph Henderson (1903-2007)[69] extendió las intuiciones junguianas al análisis de fenómenos sociales y políticos contemporáneos. "Cultural Attitudes in Psychological Perspective" (1967) demostró cómo la proyección colectiva de la sombra genera chivos expiatorios y movimientos de masa. Henderson identificó patrones recurrentes en la demonización del "otro" cultural: "Cada civilización crea sus diablos proyectando en grupos marginales aquellos aspectos de sí misma que no puede integrar. Los judíos en la Europa medieval, los comunistas en la América de los años cincuenta, cumplen la misma función psicológica: encarnar la sombra colectiva."

Su concepto de "demonización cultural progresiva" documentó cómo sociedades en crisis intensifican la proyección diabólica a través de fases identificables: identificación de un grupo como portador del mal, amplificación de características negativas del grupo, justificación de la violencia como "lucha contra el mal", y colapso de la proyección que revela la propia sombra. Este modelo explicaba fenómenos históricos recurrentes desde una perspectiva psicológica junguiana.

---

[69] **"Joseph Henderson (1903-2007)"** Analista junguiano estadounidense que aplicó conceptos de sombra colectiva a fenómenos sociales. Su "Cultural Attitudes in Psychological Perspective" (1967) analizó cómo sociedades proyectan aspectos no integrados en grupos marginales, generando chivos expiatorios y movimientos de masa. Su concepto de "demonización cultural progresiva" documentó fases identificables en procesos de proyección colectiva.

Gershom Scholem (1897-1982)[70], pionero de los estudios cabalísticos modernos, encontró en Jung un marco para interpretar la demonología judía. "On the Kabbalah and its Symbolism" (1965) analizaba las "qelipot" (cáscaras) luriánicas como equivalentes de los complejos autónomos junguianos. Scholem documentó cómo la cábala desarrolló técnicas específicas para trabajar con fuerzas "diabólicas": "La doctrina luriánica del "tikkun" (reparación) requiere que el cabalista confronte las "qelipot" no para destruirlas, sino para extraer las chispas divinas ("nitzotzot") atrapadas en ellas."

Esta interpretación scholemiana revolucionó los estudios cabalísticos al mostrar que la tradición judía había desarrollado, independientemente, métodos de integración de la sombra similares a los propuestos por Jung. La convergencia entre misticismo judío y psicología analítica proporcionó validación histórica a las intuiciones junguianas sobre la función transformadora del mal.

El enfoque junguiano influyó en una nueva generación de exégetas que aplicaron conceptos psicológicos a textos sagrados. Wayne Rollins[71] desarrolló

---

[70] **"Gershom Scholem (1897-1982)"** Erudito alemán-israelí que revolucionó los estudios cabalísticos. Su diálogo con Jung exploró paralelos entre "qelipot" (cáscaras demoníacas) luriánicas y complejos autónomos junguianos. "On the Kabbalah and its Symbolism" (1965) demostró que la cábala había desarrollado, independientemente, métodos de integración de fuerzas "diabólicas" similares a los propuestos por Jung, proporcionando validación histórica de las intuiciones junguianas.

[71] **"Wayne Rollins"** Biblista estadounidense que aplicó psicología junguiana a exégesis bíblica. "Jung and the Bible" (1983) interpreta figuras diabólicas bíblicas como proyecciones de sombra colectiva israelita. Su

en "Jung and the Bible" (1983) una hermenéutica que interpreta las figuras diabólicas bíblicas como proyecciones de la sombra colectiva israelita. Edward Edinger[72] aplicó conceptos junguianos al Apocalipsis en "Archetype of the Apocalypse" (1999), interpretando el dragón y las bestias como simbolizaciones de la sombra cristiana reprimida. Ann Belford Ulanov exploró en "The Female Ancestors of Christ" (1993) cómo las genealogías bíblicas incluyen figuras "problemáticas" que representan aspectos sombríos necesarios para la totalidad.

La psicoterapia contemporánea ha incorporado extensamente el enfoque junguiano del mal como realidad psíquica a integrar. La terapia gestáltica de Fritz Perls[73] adoptó la técnica junguiana de dialogar con aspectos rechazados de la personalidad, aunque eliminando el marco arquetípico. La psicosíntesis de Roberto Assagioli[74]

---

metodología "hermenéutica psicológica" permite leer textos sagrados como documentos de desarrollo de la conciencia, revelando dinámicas arquetípicas universales en narrativas culturalmente específicas.

[72] **Edward Edinger (1922-1998)"** Analista junguiano que aplicó conceptos arquetípicos al Apocalipsis. "Archetype of the Apocalypse" (1999) interpreta el dragón y las bestias como simbolizaciones de la sombra cristiana reprimida que irrumpe al final de la era pisciana. Su análisis vincula escatología bíblica con teorías junguianas sobre transformaciones de la conciencia colectiva.

[73] **Fritz Perls (1893-1970)"** Fundador de la terapia gestáltica que adoptó técnicas junguianas de diálogo con aspectos rechazados de la personalidad. Aunque eliminó el marco arquetípico, conservó el principio básico: aspectos "diabólicos" de la personalidad pueden transformarse en recursos una vez reconocidos como propios. Su técnica de la "silla vacía" deriva directamente de métodos junguianos de personificación consciente.

[74] **Roberto Assagioli (1888-1974)"** Psiquiatra italiano fundador de la psicosíntesis que incorporó conceptos junguianos sobre integración de opuestos. Su teoría de "subpersonalidades" incluía reconocimiento de

incorporó la noción de "subpersonalidades" que debían ser reconocidas e integradas, incluyendo aquellas consideradas "diabólicas" por el paciente. La terapia familiar sistémica aplicó conceptos de proyección de sombra a dinámicas familiares, identificando cómo familias designan "chivos expiatorios" que cargan con la patología del sistema.

Los conceptos junguianos sobre integración del mal han influido también en nuevos enfoques del trauma psicológico. Judith Herman[75] en "Trauma and Recovery" (1992) aplicó conceptos de sombra colectiva para entender cómo sociedades niegan traumas masivos. Bessel van der Kolk[76] incorporó en sus tratamientos la noción junguiana de que aspectos "diabólicos" del trauma pueden contener energía creativa una vez integrados conscientemente. Estos desarrollos muestran cómo las intuiciones junguianas continúan generando nuevas aplicaciones terapéuticas.

---

aspectos considerados "diabólicos" por el paciente. Assagioli desarrolló ejercicios específicos para dialogar con estas subpersonalidades, transformándolas de obstáculos en aliados del desarrollo espiritual.

[75] **"Judith Herman"** Psiquiatra estadounidense especializada en trauma que aplicó conceptos de sombra colectiva para entender negación social de traumas masivos. "Trauma and Recovery" (1992) analiza cómo sociedades "olvidan" sistemáticamente violencias perpetradas, proyectando la responsabilidad en víctimas o agentes externos. Su trabajo vincula mecanismos psicológicos individuales con dinámicas sociales de gran escala.

[76] **"Bessel van der Kolk"** Psiquiatra especializado en trauma que incorporó comprensiones junguianas sobre aspectos "diabólicos" del trauma. Sus tratamientos reconocen que experiencias traumáticas, aunque destructivas, pueden contener energía creativa una vez integradas conscientemente. Esta perspectiva transforma la relación terapéutica con el trauma de eliminación de síntomas a integración de experiencias fragmentadas.

El legado duradero de Jung en la comprensión del mal se manifiesta en la aparición de enfoques integrales que reconocen la realidad psicológica del mal sin reducirla a patología, desarrollan métodos para trabajar con aspectos "diabólicos" de la personalidad, identifican mecanismos de proyección colectiva en fenómenos sociales, e integran perspectivas espirituales y psicológicas en la comprensión del conflicto moral. Esta síntesis contemporánea confirma la intuición fundamental de Jung: el mal no puede ser eliminado, solo transformado mediante reconocimiento consciente e integración responsable.

Epílogo: La persistencia necesaria del arquetipo diabólico

La exploración del pensamiento junguiano sobre el Diablo culmina en una paradoja fundamental: el arquetipo que tradicionalmente simboliza la destrucción se revela como guardián indispensable de la integridad psíquica. Esta inversión conceptual trasciende el juego intelectual para tocar el corazón de la condición humana colectiva.

Jung descubrió que el Diablo colectivo no surge de la maldad intrínseca de los grupos humanos, sino de su tendencia a la perfección unilateral. Cada sociedad que aspira a la pureza moral, ideológica o racial activa automáticamente fuerzas compensatorias que se manifestarán con intensidad proporcional a la rigidez de la identidad consciente. El arquetipo diabólico funciona así como termostato psíquico que impide la cristalización absoluta de cualquier orden social.

Esta función reguladora explica por qué las utopías históricas invariablemente generaron sus propios infiernos. La Revolución Francesa produjo el Terror; el socialismo soviético engendró el Gulag; el Reich milenario culminó en campos de exterminio. Cada intento de eliminación definitiva del mal desencadenó manifestaciones diabólicas más virulentas que aquellas que pretendía erradicar.

La genialidad del análisis junguiano radica en reconocer que esta dinámica no constituye falla del diseño social sino característica estructural de la psique colectiva. El mal no puede ser eliminado porque cumple la función vital de mantener la flexibilidad del sistema. Las sociedades que logran cierta estabilidad histórica son aquellas que han desarrollado mecanismos para procesar su sombra colectiva sin proyectarla destructivamente.

Las democracias constitucionales representan quizás el intento más sofisticado de institucionalizar esta sabiduría junguiana. Al crear espacios legales para la oposición política, establecer controles y equilibrios entre poderes, y proteger derechos de minorías, estas sociedades reconocen implícitamente que toda mayoría porta su propia sombra y requiere limitación externa.

Sin embargo, incluso estos sistemas muestran vulnerabilidad ante la tentación de demonizar al adversario político interno o externo. La polarización contemporánea revela que la sofisticación institucional no garantiza inmunidad ante las proyecciones arquetípicas cuando las condiciones sociales las activan.

El legado junguiano sugiere que la madurez colectiva requiere desarrollar lo que podríamos llamar "tolerancia diabólica": la capacidad de coexistir conscientemente con la propia capacidad para el mal sin negarla ni celebrarla. Esta actitud paradójica demanda un tipo de coraje moral distinto tanto del heroísmo que combate el mal como de la complacencia que lo ignora.

Las crisis actuales —desde el cambio climático hasta la desigualdad global— exigen precisamente esta madurez: reconocer que las soluciones requieren integrar aspectos de la realidad que preferimos negar. El Diablo junguiano persiste no como obstáculo sino como maestro severo que nos recuerda que toda transformación auténtica debe incluir aquello que buscamos trascender.

En este sentido, el arquetipo diabólico se revela como aliado improbable pero indispensable en la evolución de la conciencia colectiva hacia formas más inclusivas y, paradójicamente, más humanas de organización social.

Arquetipo y Sombra

FIN